Henri Hirschberg

Der Zucker als Nahrungs- und Heilmittel

Henri Hirschberg

Der Zucker als Nahrungs- und Heilmittel

ISBN/EAN: 9783743315167

Hergestellt in Europa, USA, Kanada, Australien, Japan

Cover: Foto ©berggeist007 / pixelio.de

Manufactured and distributed by brebook publishing software (www.brebook.com)

Henri Hirschberg

Der Zucker als Nahrungs- und Heilmittel

DER ZUCKER

ALS

NAHRUNGS- UND HEILMITTEL.

VON

HENRI HIRSCHBERG.

„Thatsächlich bezieht sie Alles auf den Zucker."
Cl. Bernard.

COLUMBIA UNIVERSITY
DEPARTMENT OF PHYSIOL
COLLEGE OF PHYSICIANS AND SURG
437 WEST FIFTY NINTH STREET
NEW YORK

JENA.
HERMANN COSTENOBLE.
1889.

☛ Beschmutzte, oben oder an den Seiten aufgeschnittene Exemplare werden nicht zurückgenommen.

Die Verlagshandlung.

DER ZUCKER

ALS

NAHRUNGS- UND HEILMITTEL.

DER ZUCKER

ALS

NAHRUNGS- UND HEILMITTEL.

VON

HENRI HIRSCHBERG.

„Thatsächlich bezieht sich Alles auf den Zucker."
Cl. Bernard.

JENA,
HERMANN COSTENOBLE.
1889.

Inhalt.

	Seite
Vorwort	VII
I. Der weitaus grösste Theil der Nahrung in Thier und Pflanze gelangt als Zucker zur Verwendung	1
II. Was wird aus dem Zucker der Nahrung?	5
III. Die antiseptischen Eigenschaften des Zuckers und der Zucker als Heilmittel	14
IV. Welchen Einfluss übt der Zusatz von Zucker auf Fäulnissprocesse und Bacterienbildung aus?	21
V. Der Zucker und die Verdauung	29
VI. Zucker und Kohlensäure	43
VII. Die Ernährung im Fieber und die frühere Behandlung der Cholera	54
Schlussbemerkung	61

Vorwort.

Im Jahre 1867 behandelte Billroth[1]) eine Dame, welche an einem zur Zeit schon sehr vorgeschrittenen, übelriechenden Brustkrebs litt. Nachdem alle Mittel vergeblich angewendet worden waren, um den schlechten Geruch zu entfernen, wurde dies durch „Umschläge von getrockneten, in Milch gekochten Feigen" erreicht.

Bei seinen Untersuchungen über die Ursache dieses Erfolges gelangte Billroth zu dem Ergebnisse, dass weder durch Milch allein, noch auch durch die Feigen der üble Geruch dauernd schwinden könne; vielmehr, dass die günstige Wirkung nur
     der Gährung des den Feigen anhaftenden Zuckers
zuzuschreiben sei, bezw. der bei dieser Gährung gebildeten Milchsäure. —

Unbekannt mit diesen Untersuchungen Billroth's, sowie mit der arzneilichen Anwendung des Zuckers überhaupt, machte ich im October 1881 zufällig die Erfahrung an mir selbst (bis dahin hatte ich gegen mein chronisches Magenübel keinerlei Hilfe finden können), **dass der Zucker im Stande sei, die fast stillstehende Verdauung in Gang zu bringen**, oder vielmehr die zur Verdauung nothwendige Gährung einzuleiten.

Welcher Art war nun die durch den Zucker erzeugte Gährung? Nach den bisherigen, auch heute noch allgemein herrschenden Anschauungen konnte es nur Milchsäure sein, die durch den Zuckergenuss erzeugt wurde. Diese Erklärung schien mir anfänglich ausreichend, auch für die von mir bei

---

[1]) Untersuchungen über die Vegetationsformen der Cocco-Bacteria. 1874.

äusserlichen Verletzungen beobachtete günstige Wirkung des Zuckers. — Je mehr ich aber über meine Beobachtung nachdachte, desto zweifelhafter wurde mir diese angebliche Milchsäurebildung. Ein einfaches Experiment bestärkte mich in meinem Zweifel:

Ich fügte zu warmer Milch 15—20% gepulverten Zucker, und dieser Zusatz verzögerte erheblich die Milchsäurebildung — Gerinnung —: folglich bildete sich aus dem zugesetzten Zucker in der Milch keine Milchsäure. — Ferner erfuhr ich, was auch allgemein schon längst bekannt war, dass die Gerinnung des Blutes durch Zuckerzusatz verhindert wird. Also auch im Blute bildete der Zucker keine Milchsäure, sonst würde ja die Gerinnung des Blutes durch Zuckerzusatz nicht aufgehalten, sondern, umgekehrt, noch beschleunigt werden! — Weshalb also sollte der Zucker im Magen durchaus nur Milchsäure bilden? Und wie könnte er mir eigentlich geholfen haben, wenn er wirklich die bei mir, wie bei fast allen Dyspeptikern herrschende Milchsäuregährung noch vermehren würde?

Von diesen Zweifeln bis zu folgendem Schlusse ist nur ein Schritt:

Die günstige Wirkung des Zuckers besteht nicht in seiner Fähigkeit sich in Milchsäure umzusetzen, sondern in seiner Fähigkeit sich auch in Alkohol und Kohlensäure umsetzen zu können. Nur bei geringem Zuckergehalte organischer Stoffe entwickelt sich Milchsäure, welche das Wachsthum fäulnisserregender Organismen begünstigt; bei genügendem Zuckergehalte tritt Alkohol- und Kohlensäuregährung auf, durch welche jede Fäulniss unterbrochen oder gänzlich aufgehoben wird. —

In Folgendem habe ich Ergebnisse der bisherigen Untersuchungen berühmter Forscher zusammengestellt, welche meine Beobachtungen nicht nur vollständig bestätigen, sondern auch die fast unübersehbar hohe Bedeutung des Zuckers für den Organismus erkennen lassen. —

I.

Der weitaus grösste Theil der Nahrung in Thier und Pflanze gelangt als Zucker zur Verwendung.

Claude Bernard hat in der „Revue scientifique" von 1873/74, im Anschluss an seine ebendaselbst erschienene Abhandlung über die „Zuckerkrankheit", eine Reihe von Vorträgen unter dem Titel: „Des phénomènes de la vie communs aux animaux et aux végétaux" veröffentlicht. Der Verfasser hebt darin als Gemeinsamkeit der Lebenserscheinungen in Thier und Pflanze besonders „die Rolle des Zuckers" bei der Ernährung hervor. „Die Pflanzen, wie die Thiere häufen in ihren Geweben Stärkemehl-, Zucker-, Fett- und Eiweiss-Substanzen an. Wenn der Augenblick erscheint, wo diese Vorräthe nutzbar gemacht werden sollen, so erleiden sie Veränderungen, welche sie assimilirbar machen, und sie werden verflüssigt und verdaut. So verwandelt sich im Moment der Keimung das in den Knollen der Kartoffeln angehäufte Stärkemehl in Traubenzucker; so geschieht es mit dem in den Wurzeln der Runkelrübe abgelagerten Rohrzucker."[1])

Der Rohrzucker ist gleich dem Stärkemehl ungeeignet an der Ernährung theilzunehmen; beide bilden im Pflanzenreiche Reservevorräthe, die zu künftigem Gebrauche aufgespeichert liegen. Ebenso bildet bei den Thieren das Glykogen in der Leber ein für künftige Lebenserscheinungen angesammeltes Reservedepôt. In beiden Reichen erscheint

---
[1]) Revue scient. Bd. 3,1. S. 295.

in dem Augenblicke, in welchem die Lebensthätigkeit wächst, der Traubenzucker durch Umwandlung jener glykogenetischen Substanzen.

Wenn die Pflanze ihre Zellen vermehrt und vergrössert, wenn sie nach aussen zunimmt, findet in ihrem Innern eine Abnahme der vorher assimilirten Stoffe statt; sie verbraucht ihre Vorräthe, die sich zu diesem Zwecke alsdann in Zucker umsetzen, und sie scheidet Kohlensäure aus.[1] — Die winterschlafenden Thiere häufen Glykogen in ihren Geweben an, und ihre Säfte enthalten dann keine Spur von Zucker. Wenn aber das Thier erwacht, wenn das unterbrochene Leben wieder rege wird, sieht man den Zucker in sehr beträchtlicher Menge wiedererscheinen. „Das Merkwürdige hierbei ist nicht nur diese Universalität einer allen lebenden Wesen gemeinsamen Verarbeitung der Kohlehydrate, sondern die Identität derselben durch den gleichen Vorgang, das gleiche Agens, die auch zu einem gleichen Ergebnisse führt: der Production des Traubenzuckers."[2]

Die Lebensenergie steht in direktem Verhältniss zur Zuckerbildung, welche leztere ein Mass abgiebt für die Intensität aller Lebenserscheinungen. „Junge Thiere, bei denen die Ernährung lebhafter vor sich geht, als bei den erwachsenen, haben sehr viel Zucker im Blute und in der Leber; ebenso ist es mit den Vögeln, deren vitale Energie bemerkenswerth ist."[3]

Diesen Vorgängen der vermehrten Zuckerbildung und des damit verbundenen vermehrten Zuckerverbrauches bei erhöhter Lebensthätigkeit in Pflanze und Thier entsprechen auch die Vorgänge unseres Organismus. Auch hier wird bei erhöhter Lebensthätigkeit der Zucker im Blute schneller zerstört; zugleich wird aus dem Reservedepôt, dem Glykogen in der Leber, welches dem Stärkemehl, der Reservenahrung der Pflanzen, entspricht, mehr Zucker gebildet.

Im Fieber, in welchem die Lebensenergie beträchtlich

---

[1] Ranke, Physiol. des Menschen. 1875. S. 53.
[2] Cl. Bernard, a. a. O. S. 515.
[3] ibid. S. 44.

gesteigert ist, verschwindet der Zucker aus dem Blute und das Glykogen in der Leber erfährt eine bedeutende Abnahme.[1] Dasselbe findet statt bei jeder Art von Muskelanstrengung.

Ohne Kenntniss dieser, erst von der neueren Wissenschaft festgestellten Erscheinungen war man vorher instinctiv, oder wie man es lieber nennt, „erfahrungsgemäss" darauf bedacht, in gewissen Fällen beträchtlichen Zuckerverbrauches dem Organismus seinen Ausfall an Zucker wieder zu ersetzen. So wird z. B. noch heute „der Hippokratischen Medizin" entsprechend[2] bei Fieber eine **zucker- und stärkemehlhaltige** Nahrung verabreicht; angeblich wegen der schwereren Verdaulichkeit stickstoffreicher Kost. Diese Erklärung trifft jedoch nicht zu; handelte es sich nur um Leichtverdaulichkeit der Kost, so könnte man ja dem Fieberkranken Milch, rohe Eier, geschabtes rohes Fleisch oder Kalbsbröschen u. s. w. geben, Nahrungsmittel, die sicherlich dem Stärkemehl an Verdaulichkeit nicht nachstehen, ausserdem aber einen anerkannt höheren Nährwerth besitzen, als letzteres. — Es handelt sich in solchen Fällen eben hauptsächlich darum, dem erschöpften Organismus möglichst viel **glykogenetische Substanzen** zuzuführen, und jeder Fieberkranke greift deshalb „instinctiv" weit lieber zu der stickstofflosen, **zuckerbildenden**, als zu der im allgemeinen weit nahrhafteren, stickstoffreichen Kost.

Ein ähnlicher Fall liegt in Folgendem vor. Die Tyroler Bergsteiger nehmen als Ausrüstung für ihr beschwerliches Tagewerk nur grosse Stücke **Speck** mit[3]; ebenso nehmen die Gemsjäger in der Schweiz nur **Speck und Zucker** auf ihre Ausflüge mit.[4] Das sich langsam verdauende Fett erfüllt alsdann den doppelten Zweck: es genügt dem Sättigungsbedürfniss, und ersetzt den durch die Muskelanstrengung her-

---

[1] Hoppe-Seyler, Physiol. Chemie. III. 1881. S. 708 ff.
[2] Nothnagel-Rossbach, Arzneimittellehre. 1878. S. 810.
[3] Ranke, Ernährung des Menschen.
[4] Fick und Wislicenus, Entstehung der Muskelkraft. (Vierteljschr. d. Züricher naturf. Gesellsch. Bd. X.) S. 317 ff.

vortretenden Mangel an Zucker und Glykogen im Organismus. —

Der bei weitem grösste Bestandtheil unserer Nahrungsmittel, die gesammte stickstofflose Kost, welche sich zu der stickstoffhaltigen etwa im Verhältniss von 1 : 4 befindet[1]), kann nur nach vorhergehender Umwandlung in Zucker an dem Wachsthum der Zellen und der Ernährung des Organismus theilnehmen.

Erwägt man nun, dass
1) das keimende Korn und das junge Pflänzchen ebensowohl wie die Keime aller Eier und Samen sich in einem „milieu sucré" entwickeln (Cl. Bernard[2]),
2) der Hauptbestandtheil der thierischen Zellen (auch der pflanzlichen) mit einer „wahren Lösung durchtränkt ist" von löslichen Zuckerarten und Salzen (Ranke[3]),

so kann man mithin den Zucker als Hauptnahrungsmittel aller Organismen bezeichnen.

Denn Wachsthum und Ernährung der pflanzlichen und thierischen Zellen, die Sauerstoffaufnahme und die Kohlensäureausscheidung ist an das Entstehen und Vergehen von Zucker geknüpft.

---

[1]) Moleschott, Physiol. der Nahrungsmittel. 2. Aufl. S. 217 ff.
[2]) a. a. O. Bd. 2,1. S. 375 ff.
[3]) Physiol. des Menschen, 1875. S. 79.

II.

Was wird aus dem Zucker der Nahrung, aus dem direct eingeführten, wie aus dem durch die Verdauung entstandenen?

Inbezug auf den thierischen Organismus sieht Ewald[1]) in der Zuckerbildung aus dem Stärkemehl „einen Kunstgriff der Natur, in möglichst reiner Form und in möglichst kurzer Zeit grosse Massen von Nahrung dem Körper zuzuführen".

Die Wichtigkeit dieses „Kunstgriffs der Natur" wäre aber eine sehr geringe, wenn thatsächlich — wie allgemein angenommen wird — die Wirksamkeit des Zuckers sich nur auf seine fernere Umwandlung in Milchsäure beschränken würde, abgesehen von der bereits angeführten wichtigen Rolle desselben bei der Zellenbildung und -Ernährung.

Warum aber nimmt man bis jetzt an, dass der Zucker im Organismus sich nur in Milchsäure umsetzt? Ist dies etwa der Gang der Ereignisse ausserhalb des Organismus? Und regieren nicht die nämlichen chemischen Gesetze die Lebenserscheinungen innerhalb der Organismen und diejenigen, die sich ausserhalb derselben vollziehen? „Es giebt weder zwei Arten von Physik, noch von Chemie: dieselben Gesetze beherrschen die Ereignisse, mögen diese nun den lebenden Körper oder jeden anderen Ort zum Schauplatz ihrer

---

[1]) Ewald, Lehre von der Verdauung. 1876. S. 106.

Wirksamkeit haben! — Diese Wahrheit ist die Grundlage aller Wissenschaft: sie ist ein physiologisches Axiom, ausserhalb dessen es keine Wissenschaft giebt." (Cl. Bernard[1]).

Worauf stützt sich also die bisherige Annahme, dass der Zucker im Körper nur in Michsäuregährung und nicht auch in Alkoholgährung übergeht? Man wusste, dass es ausserhalb des Organismus von der Art des vorhandenen Ferments, von der Temperatur und von der Menge des vorhandenen Zuckers abhängt, welche der beiden Gährungsformen desselben in Erscheinung treten müsse — warum nahm man denn an, dass die gleichen Factoren innerhalb des Organismus nicht zum nämlichen Resultate führen? Die einzige Stütze dieser irrigen Annahme erscheint in der Thatsache, dass im thierischen Organismus, besonders nach dem Genuss von Stärkemehl, stets Milchsäure zu finden ist. Reichliche Milchsäurebildung wurde auch beim Hunde nach Fütterung mit Zucker gefunden. Daraus folgt aber noch keineswegs, dass auch beim Menschen nach reichlichem Zuckergenuss stets vermehrte Milchsäure vorhanden sein müsse. Der Verdauungsapparat des Hundes ist für Zuckeraufnahme „physiologisch nicht eingerichtet" (Ranke); das heisst mit anderen Worten: die in ihm vorhandenen Fermente sind der Milchsäuregährung günstiger, als der Alkoholgährung, wie ja auch bekanntlich der Hund nicht das nämliche zuckerbildende (stärkeumwandelnde) Ferment besitzt, als der Mensch. Ausschliessliche oder auch nur sehr vorherrschende Stärkemehlnahrung, welche letztere vom erwachsenen Menschen gut vertragen wird, ergiebt für den Hund dasselbe Resultat, wie Zuckerfütterung. Indessen können sogar auch Hunde bei genügender Fleischzufuhr einen starken Zuckerzusatz in der Nahrung gut verdauen. Es wird berichtet [2], dass eingesperrte Hunde welche in sieben Tagen bei Fleischnahrung nur 4 Loth zunahmen, in der gleichen Zeit, bei Zusatz von $6^{1}/_{2}$—13 Loth

---

[1] a. a. O. Bd. 2,2. S. 1062.
[2] Hoppe, Memorabilien. 1862. S. 241.

Zucker zur täglichen Nahrung, ihr Gewicht um fast 2 Pfund vermehrten.

Die Beobachtungen am Hunde sind für die Annahme, dass der Zucker im Organismus sich nur in Milchsäure verwandle, auch minder massgebend gewesen, als eben das thatsächliche Vorhandensein der Milchsäure. — Hierbei ist jedoch ein wichtiger Punkt übersehen worden. Weil man den Alkohol nicht fand, so schloss man, er sei auch nie vorhanden gewesen; oder, um es genauer auszudrücken: man dachte gar nicht daran, dass er vorhanden gewesen sein könne!

Die Vorgänge bei der Brotbereitung, die mit denen der Verdauung vielfache Analogien aufweisen — auf welche weiterhin näher eingegangen werden soll — sind in neuerer Zeit ähnlich aufgefasst worden. So behauptete Chicandard:[1] „es sei falsch, dass der aus dem Stärkemehl des Teiges entstandene Zucker sich dann weiter in Alkohol und Kohlensäure umsetze; denn noch niemals habe man im Brote Alkohol gefunden." Die Menge der im Brotteige gefundenen Kohlensäure, welche 70 % der vorhandenen Gase beträgt, wollte er als von Ausscheidungen gewisser Bacterien herrührend erklären.

Die Ansicht Chicandard's ist sofort nach ihrem Bekanntwerden eifrig bestritten worden. — Moussette giebt über das Nichtauffinden des Alkohols im Brote selbst an[2]), dass Barral im Jahre 1854 den Alkohol im Dampfe gefunden habe, der während des Backens aus dem Ofen entweicht. — Die Menge des gefundenen Alkohols wird allerdings nur mit 1,60 auf 100 Gewichtstheile Kohlensäure angegeben. Der Rest des aus der Gährung des Zuckers im Brote gebildeten Alkohols ist jedenfalls, was ja auch die Menge der vorhandenen Kohlensäure ergiebt, weiter bis zu Kohlensäure und Wasser oxydirt worden.

---

[1]) Comptes rendus. 1883. S. 1588 ff.
[2]) Moussette, Compt. rend. 1883. S. 1865.

Bis jetzt sind die Gasausscheidungen thierischer Organismen auf Alkohol noch nicht uutersucht worden. Möglich auch, dass man selbst auf dem Wege genauester Analyse das Vorhandensein des Alkohols nicht würde nachweisen können, wodurch jedoch gegen das Auftreten desselben überhaupt nichts bewiesen wäre. — Vorläufig gilt es, hier auf all dasjenige hinzuweisen, was durch die Annahme, dass der Zucker in thierischen Organismen nur Milchsäure bildet, gar nicht zu erklären, durch seine Alkohol- und Kohlensäurebildung dagegen sehr leicht zu erklären ist.

Hierher gehört vorerst eine Mittheilung von Rajewsky-Hoppe-Seyler[1]): „Entweder existiren im thierischen Organismus immer Bestandtheile, die bei der Destillation im gut geschlossenen Apparate Alkohol geben, oder die Organe der Thiere enthalten stets geringe Mengen von präformirtem Alkohol". — Daraus folgt, dass die Alkoholgährung aus dem Zucker zu den normalen Umsatzvorgängen im thierischen Organismus gehört.

Nothnagel-Rossbach[2]) geben an, „dass bei mässigem Zuckergenuss keinerlei unangenehme Erscheinungen in den Verdauungsvorgängen stattfinden". Grössere Zuckermengen sollen dagegen, nach denselben, die verschiedenartigsten Verdauungsstörungen hervorbringen „infolge der reichlichen Milch- und Buttersäurebildung". —

Doch aber nur grössere Zuckermengen neben der normalen Quantität der übrigen Nahrungsmittel genossen? Dann ist die übermässige Milchsäurebildung nur eine Folge der Ueberladung des Körpers mit Nahrungsstoff — eine Folge, die nach jeder Ueberladung mit irgend einem beliebigen Nahrungsmittel ebenfalls eintritt. Was man in Form von Zucker mehr geniesst, das muss eben an den übrigen Nahrungsmitteln abgezogen werden. — Oder leiden etwa die Neger in den Zuckerplantagen, die während der Zuckerernte

---

[1]) Pflüger's Archiv, Bd. XI. S. 127.
[2]) Arzneimittellehre, 4. Aufl. S. 806 ff.

so grosse Mengen von Zucker verzehren, an Verdauungsstörungen? Dann würden sie wohl schwerlich während dieser Zeit sich so wohl fühlen und fett werden, wie es eben thatsächlich geschieht.

Ohne übrigens dem reichlichen Zuckergenusse bei normalen Verhältnissen das Wort reden zu wollen, sei hier nur angeführt, dass schon Slane [1]) der verbreiteten Meinung entgegentritt, dass Zucker die Zähne verderbe. Er führt an, dass kein Volk der Erde schönere Zähne besitze, als eben die Neger in den Zuckerplantagen; und erzählt von Mallory, welcher grosse Mengen Zucker zu verzehren pflegte, dass dieser bis ins hohe Alter vorzügliche Zähne behielt. Professor Alston in Edinburgh [2]), welcher besonders schöne Zähne besass, schrieb dies sogar seinem reichlichen Zuckergenusse zu.

Die umfangreichsten Versuche über den Einfluss des Zuckers in der Nahrung sind von Böcker [3]) angestellt worden. Böcker ass 200 gr. bis 600 gr. Zucker und Honig täglich; er erwähnt jedoch nichts von einer Milchsäurebildung, sondern giebt unter anderem Folgendes an: „Weil sich der Appetit beim Zuckergenusse verringerte, so ass ich deshalb auch weniger. Hätte ich mich gezwungen, beim Genusse des Zuckers ebenso viel, wie ohne denselben zu essen, so würde ich einen abnormen Zustand, und statt der Wirkung des Zuckers diese, und daneben noch die der Indigestion erhalten haben."

Wenn nun Böcker, der eine sehr grosse Armenpraxis besass und dadurch Gelegenheit hatte, die namentlich in den schlecht ernährten Ständen häufig auftretenden Krankheiten, wie Bleichsucht, Drüsensucht (Scrophulosis) und Knochensucht [4]) (Rhachitis), eingehend zu beobachten, alle diese Krankheiten erfolgreich mit Zucker kurirte, so lässt sich dieser Erfolg aus der Milchsäurebildung des Zuckers im Organismus

---

[1]) Vindication of sugars. London, 1715.
[2]) Moleschott, a. a. O. S. 537.
[3]) Böcker, Beiträge zur Heilkunde. 1849. Bd. I, 37 ff.
[4]) sog. „englische Krankheit".

unmöglich erklären. Während nun Böcker angiebt: „Interessant ist der Instinct, mit welchem scrophulöse Kinder aus den unteren Volksschichten nach Zucker und zuckerhaltigen Substanzen greifen", wird noch von der heutigen Medizin in den ebenerwähnten Krankheiten jede zuckerhaltige Nahrung streng verboten. Und warum? Weil in diesen Krankheiten übermässige Milchsäurebildung im Körper angenommen wird. Falls jedoch der Zucker die Milchsäurebildung vermehrt, wie konnte Böcker in den vielen von ihm angeführten Fällen mit Zucker die Knochenerweichung bei Rhachitis erfolgreich bekämpfen, anstatt mit dem sonst angewendeten Knochenmehl? Noch jetzt wird eben als Ursache dieser Knochenerweichung die Milchsäure angesehen, welche die Ausfuhr der knochenbildenden Salze allzusehr vermehrt. Wenn jedoch der Zucker im Organismus vorwiegend sich in Milchsäure umsetzt, wie sind die Heilungserfolge Böcker's zu erklären? Durch die Versuche Böcker's, auch durch Hegar[1]) ist ausserdem ermittelt worden, dass Zuckergenuss die Ausfuhr des phosphorsauren Kalkes, der phosphorsauren Magnesia u. s. w. um mehr als die Hälfte beschränke — wie konnte man also die Wirkung des Zuckers im Organismus mit derjenigen der Milchsäure identificiren?

Nur durch Anerkennung „derselben chemischen Gesetze, welche ebenso innerhalb wie ausserhalb des Organismus herrschen", wird der scheinbare Widerspruch in dem eben angeführten Falle, wie in vielen anderen Fällen, gelöst. —

Ebenso wie das Auftreten der Milchsäure die Alkoholgährung hindern kann [2]), gilt auch das Umgekehrte: vermehrte Alkoholbildung tritt der Milchsäurebildung entgegen; letzteres kann täglich bei der Kefyrbereitung aus gewöhnlicher, sonst nur in Milchsäure übergehender, Kuhmilch beobachtet werden.

---

[1]) Hegar, Archiv d. Ver. f. wissensch. Heilkunde, II. S. 439.
[2]) Pasteur (Ann. de chim. et de phys. 3 sér. LVIII, S. 391) giebt an, dass er seine Versuche über die Alkoholgährung bei Auftreten der Milchsäure unterbrechen musste.

In dem von mir in der Einleitung erwähnten Falle wurde durch Zuckerzusatz — 10 bis 20% des Gewichtes — die Milchsäurebildung der Milch erheblich aufgeschoben. Versuche von Billroth, Lüders u. A., auf die noch näher einzugehen ist, haben gleichfalls ergeben, dass ein gewisser Procentsatz von Zucker in der Mischung, die zur Gährung gebracht werden soll, das Auftreten der Alkoholgährung begünstige.

Wie schon die oben angeführte Mittheilung Rajewsky-Hoppe-Seyler's ergiebt, sind im thierischen Organismus stets Alkoholfermente vorhanden. Letztere werden durch die genossenen Nahrungsmittel fortwährend erneuert. — Moleschott nennt die Eiweissstoffe „hefenartige Körper", und Pasteur[1]) bemerkt: „Colin, der erste, der die Fähigkeit des Auswaschwassers der Hefe, als Ferment zu wirken, anerkannte, zeigte auch, dass Mehlteig, Gluten, Ochsenfleisch, Eiweiss, Käse, Blut u. s. w. zur Alkoholgährung dienen können." — Ferner giebt Pasteur[2]) nach seinen eigenen Versuchen an: „Das farblose Blutserum ist vorzüglich zur Action der Hefe geeignet; der Zucker gährt darin ebenso leicht, als wenn man sich eines natürlichen zuckerhaltigen Saftes oder des Auswaschwassers der Hefe bediente" — eine Beobachtung, welche die Ansicht von Blondeau und Hutson-Ford[3]), „dass der Zucker im Blute in Alkohol und Kohlensäure übergeführt werde", vollständig bestätigt.

Claude Bernard hat die Frage: „Was wird aus dem mit der Nahrung eingeführten oder aus derselben gebildeten Zucker?" dahin beantwortet, dass er nicht in Milchsäure übergeführt werde, wie man „einstmals" geglaubt habe, sondern in Natur absorbirt werde und sich in der Leber als Glykogen ablagere. Letzteres ist jedoch nur für den Ueberschuss des vorhandenen Zuckers im Organismus festgestellt. Die Frage bleibt immer noch: Wie tritt der Zucker im Organismus in Action? Und die Antwort hierauf lautet:

---
[1]) a. a. O. S. 342.
[2]) a. a. O. S. 386.
[3]) Cl. Bernard, Le Diabète, 1872. S. 1159.

Der Zucker wird im thierischen Organismus ebenso wie im pflanzlichen in Alkohol und Kohlensäure umgesezt. Diese Erklärung ergiebt sich so einfach und natürlich aus allen bisherigen Beobachtungen, ja, sie ist so sehr die Consequenz derselben, dass man sich nur wundern kann, dass sie nicht schon längst gemacht worden.

Wie leicht erklären sich nun die Heilungserfolge Böcker's bei Rhachitis u. s. w.: die Zuckergaben bewirken Alkoholbildung, diese hebt die übermässig vorhandene Milchsäure und die durch die letztere bewirkte übermässige Ausfuhr der Knochensalze auf, und die Genesung tritt ein. —

Aehnlich verhält es sich mit der Anwendung von Honig und Zucker bei Geschwüren, oder bei Aphthen (Mundschwämmchen). Man weiss, dass die letzteren bei ganz kleinen Kindern, oft infolge mangelhafter Reinigung des Mundes, auftreten, und zwar ist alsdann im Munde vermehrte, durch den Geruch schon wahrnehmbare Milchsäure vorhanden. Aus diesem Grunde wird auch in heutigen Arzneimittellehren noch angegeben, „dass die volksthümliche Anwendung von Honig bei Aphthen der Kinder unzweckmässig sei, weil sie Gelegenheit gebe zur Bildung von Säuren, und so die Unreinlichkeit im Munde vermehre". — Die Wirkung des Honigs ist indess in diesem, wie in jedem anderen Falle derjenigen des Zuckers vollständig gleich[1]), und es bildet sich bei reichlicher Anwendung des Honigs ebenso wenig Milchsäure, als bei reichlicher Anwendung von Zucker.

Die Versuche Böcker's sind beinahe ganz in Vergessenheit gerathen, und von den jetzigen Ärzten wissen überhaupt nur wenige von der Anwendung des Zuckers als Heilmittel. Dies ist nicht zu verwundern; denn so gut auch die Beobachtungen Böcker's waren, eine so seltsame Erklärung giebt er — auf Grund der Schultz-Schultzenstein'schen Ansichten — über die

---

1) Hecker (Arzneimittellehre S. 147), lässt bei Schwämmchen „die Mundhöhle sanft mit gepulvertem Zucker abreiben." —

Wirkung des Zuckers, indem er von „Wehractionen" des Organismus und von der „mauserhemmenden" Eigenschaft des Zuckers spricht. — Noch sonderbarer in seiner Erklärungsweise ist der sogar erst aus dem Jahre 1862 stammende, schon erwähnte, Aufsatz Hoppe's: „Ueber die Arznei- und Heilwirkung des Zuckers", in welchem der Verfasser zwar schon in einer richtigen Ahnung den Zucker einen Stoff von „chemischer Bedeutung" nennt, ihn aber auch als ein „vorherrschend auf physikalische Weise an den thätigen Geweben seine Wirkungen vollbringendes Gewebsreizmittel" bezeichnet! In der That eine wunderbare, zu Versuchen mit Zucker nicht sehr ermuthigende Definition! —

Dennoch sind in allerneuester Zeit Versuche mit der Anwendung des Zuckers als Heilmittel, allerdings auf einem beschränkten Gebiete, gemacht worden. —

III.

Die antiseptischen Eigenschaften des Zuckers und der Zucker als Heilmittel.

Die antiseptischen Eigenschaften des Zuckers waren schon in den ältesten Zeiten bekannt. „Honig und Zucker faulen oder rotten nicht, wie Galenus, 1. 3 de simpl. Med. fac., bezeuget", sagt Zorn in seiner „Botanol. medica"[1]), und fährt fort: „Daher auch in den Apotheken keine Conserven ohne den Zucker können verfertiget werden, massen er nicht allein den Geruch, Geschmack und Farbe aller Ingredientien an sich nimmt, sondern auch solche von Jahr zu Jahre unverdorben bewahret. Deshalb die Alten ihre Abgestorbenen, die sie für faulen zu behalten unterstanden, mit Honig auch eingemachet." —

Joh. Pringle, welcher im vorigen Jahrhundert „Beobachtungen über Krankheiten einer Armee"[2]) herausgegeben hat, schreibt: „So befördert auch der Zucker die Fäulniss ganz und gar nicht. Man sagt, ein bloses Syrup erhalte das Fleisch besser als alle Salzbrühen; und aus den Versuchen, die ich gemacht habe, scheinet dieses wahr zu sein; wie auch, dass schwache Zuckersolutionen verhältnissmässig antiseptisch sind. — Dieses aber ist hier am merkwürdigsten:

---

[1]) Berlin, 1714. S. 91.
[2]) übersetzt von Goeding, Altenburg, 1754. S. 385 ff.

obgleich schwache Solutionen der Fäulniss des Fleisches bald nachgeben, so wird dennoch, sobald als durch des Zuckers Gährung eine Säure ist hervorgebracht worden, entweder diese Neigung zur Fäulniss sehr stark zurückgehalten, oder ganz und gar überwältiget." — Derselbe Verfasser vermuthet auch, dass „dieser antiseptischen Qualität des Zuckers, der gegenwärtig in grosser Menge anderen Speisen beigefügt wird, ein gewisser Theil der allgemeinen Abnahme fauliger Krankheiten zuzuschreiben ist." —

Wäre in dem ebenangeführten Falle der Zucker in Milchsäure übergegangen, so hätte diese, in Verbindung mit der im lagernden Fleische stets sich bildenden Fleischmilchsäure, die weitere Zersetzung des Fleisches sehr stark beschleunigen, und nicht dieselbe zurückhalten, oder gar „überwältigen" müssen. Es hatte sich aber nicht Milchsäure, sondern Alkohol und Kohlensäure aus dem Zucker entwickelt, sonst wäre die Fäulniss des Fleisches unaufhaltsam fortgeschritten. —

Abgesehen von der Angabe Zorn's, dass die Türken Wunden heilen, indem sie „Zucker darein streuen", findet sich die erste verbürgte Anwendung des Zuckers als Heilmittel bei Scultetus.[1]) Derselbe theilt mit, dass er ein Geschwür am linken Schlüsselbeine durch täglich aufgestreuten gepulverten Zucker geheilt habe. („Ulcus vero sacchari albissimi pulvere quotidie insperso detersi"). — ·

Die aus der ersten Hälfte unseres Jahrhunderts stammenden Arzneimittellehren führen grösstentheils den Zucker als Heilmittel an; so z. B. Hecker[2]), Oesterlen[3]), Pereira[4]). Wie schon erwähnt, benutzte Hecker gepulverten Zucker, um damit die „Schwämmchen der Mundhöhle sanft abzureiben;" ausserdem wendete er den Zucker gegen unreine Geschwüre, Flecken der Hornhaut, üble eiternde Ausflüsse aus den Ohren

---

[1]) Armentar. Chirurg. Frankfurt, 1666. II. S. 64.
[2]) Arzneimittellehre, Erfurt 1833.
[3]) Heilmittellehre, 1845.
[4]) Handbuch der Heilmittellehre, übers. v. Buchheim 1845.

u. s. w. mit Erfolg an. Ferner benutzte er, ebenso wie Oesterlen, den Zucker „bei Ulcerationen im Larynx als sogenanntes Kehlkopfpulver zum Einathmen."

Ebenso wie Hecker, Oesterlen und Pereira benutzte auch Hoppe[1]) gepulverten Zucker bei Hornhautflecken, wuchernden Granulationen, sowie bei Kehlkopfgeschwüren; ferner bei grösseren Geschwüren, die zu ihrer Heilung einen reichlichen Stoffersatz nöthig haben, z. B. bei solchen Unterschenkelgeschwüren, die man mit Terpentin zn behandeln pflegte. — Während man aber noch gegenwärtig glaubt, durch Anwendung von Zucker oder Honig bei Geschwürchen im Munde „die Unreinlichkeit zu vermehren", erwähnt schon Hoppe ausdrücklich, dass der graue Grund dieser sog. Aphthen sich unter der Wirkung des Honigs reinigt[2]). —

Alle diese von namhaften Aerzten verbürgten Thatsachen lassen sich nur durch die Alkoholbildung aus dem Zucker erklären, keineswegs aber durch die Milchsäuregährung desselben. Ebenso verhält es sich auch mit dem folgenden Falle: Garmer erzählt[3]), dass, als man bei einem an Brustwassersucht Leidenden schon die Paracenthesis gemacht hatte, der Kranke einen ausserordentlichen „Instinct" nach Zucker bekam und in einigen Monaten einen ganzen Centner davon verzehrte, was auf seinen Zustand die günstigste Wirkung ausübte. — Diese Wirkung ist jedoch nur der wasserentziehenden Eigenschaft des unzersetzen Zuckers an sich, sowie dem aus dem gährenden Zucker gebildeten Alkohol zuzuschreiben; keineswegs aber der Milchsäure. —

Man hat früher in gewissen Fällen Kataplasmen aus Weizenmehl und Bierhefe angewendet: „Die gährende Masse wird kalt auf übelriechende und faule Geschwüre gebracht, wo sie den üblen Geruch beseitigt, die Abstossung der abgestorbenen Theile befördert und das Weiterschreiten

---

[1]) a. a. O. S. 247.
[2]) Dass auch im Volke der Honig gegen Bienenstich und aufgestreuter Zucker gegen sog. „wildes Fleisch" benutzt wird, ist bekannt.
[3]) s. Hecker, a. a. O. S. 146.

des Verschwärungsprozesses selbst zu hindern vermag. — Man hält die **Kohlensäure** für den wirksamen Bestandtheil dieser Kataplasmen." [1] —

Bierhefe mit oder ohne Zusatz von Mehl wurde überhaupt vielfach als Heilmittel benutzt; unter Anderen giebt M. Traube [2] an: „Hefe wird als Heilmittel auf frische Wunden gelegt, und wird im Scorbut, einer eigenthümlichen Fäulnisskrankheit, mit grösstem Erfolg angewandt." — Die Anwendung des Zuckers in denselben Fällen hat jedoch ebendasselbe Resultat ergeben, und es werden, z. B. von Hecker (a. a. O.), Honig und Zucker als antiscorbutische Mittel bezeichnet. „So lange von Honig und Zucker genügender Vorrath auf dem Schiffe vorhanden, ist man vor Scorbut nicht bange."

Ebensowenig als durch die Hefe etwa Milchsäure hervorgebracht wurde, sondern nur Alkohol und Kohlensäure, worauf die günstige Wirkung beruhte, ebensowenig darf man bei Anwendung von Zucker in den gleichen Fällen an Milchsäure denken. —

Als Wundverband wurde der Zucker von Gonzales Abajo sowie von Peyrany in Turin (1852) empfohlen [3]; ferner benutzte J. H. Packard zu Philadelphia denselben mit günstigem Erfolge bei Hospitalbrand [4]. Die umfassendste Anwendung von Zucker als Heilmittel bei Hospitalbrand machte in neuester Zeit Professor Lücke in Strassburg. In dem Berichte darüber [5] wird angegeben, dass die Gesammtzahl der bei Hospitalbrand mit Zucker behandelten Patienten — von 1883 bis 1885 — 202 betrug, von denen nur 5 starben, während bei allen übrigen die Heilungsdauer erheblich abgekürzt wurde. In den am wenigsten günstigen Fällen soll die Heilung auch immer nur die Hälfte der Zeit, als bei anderen Verbandmethoden beansprucht haben. — Der Wundverlauf unter dem

---

[1] Pereira, a. a. O. S. 33.
[2] Theorie der Fermentwirkungen, 1858. S. 62.
[3] Gazette d. hôpitaux, 1855. Fevr. 8. p. 69.
[4] Schmidt's Jahrbücher, 1866. S. 222.
[5] Dr. F. Fischer, Deutsche Ztsch. f. Chir. 1885. S. 225 ff.

Zuckerverbande ist in der Mehrzahl der Fälle fast fieberlos gewesen und die Wunden sahen sehr gut aus. Sobald der Verband 8—14 Tage gelegen hatte, verbreitete dieser einen eigenthümlichen, aber nicht unangenehmen Geruch, ähnlich dem in Runkelrübenzucker-Fabriken. — Trotz der Wahrnehmung dieses, bekanntlich etwas weingeistigen, Geruches erwähnt jedoch auch Lücke nichts von einer Alkoholgährung aus dem Zucker des Verbandes; dagegen hat er auf einem solchen, mit Wundsekreten durchsetzten, Verbande Milchsäure nachgewiesen. So oberflächlich es jedoch ist, aus dem Auffinden der Milchsäure im Gesammtorganismus auf alleinige Milchsäuregährung aus dem Zucker zu schliessen, ebenso falsch ist es, bei dem etwaigen Vorhandensein von Milchsäure auf Wundverbänden anzunehmen, aus dem Zucker habe sich nur Milchsäure gebildet. Wie hätte, falls die fäulnissbegünstigende[1]) Milchsäure wirklich sehr stark vorhanden war, die Heilung erfolgen, ja um mehr als die Hälfte schneller, als bei anderen Verbandmitteln erfolgen können?

Es giebt nur eine Lösung dieses eigenthümlichen Widerspruches, und diese lautet:

> Aus dem Zucker in Verbindung mit thierischen Stoffen entsteht Alkohol und Kohlensäure einerseits und Milchsäure andererseits; für das Vorherrschen der einen Gährungsform über die andere ist die Menge des vorhandenen Zuckers in noch höherem Grade ausschlaggebend, als es die vorhandenen Fermente sind.

Während nun der Alkohol sich schnell weiterumsetzt und nur aus dem Vorhandensein des Alkoholferments — resp. der Hefe — sich nachweisen lässt — (s. hierüber weiter unten), ist die Milchsäure, welche zu ihren Umsetzungen bedeutend mehr Zeit braucht, fast immer noch aufzufinden. Und dies ist die Ursache, dass man bisher angenommen hat, der Zucker setze sich im thierischen Organismus nur in Milchsäure um!

---

[1]) Ranke, Phys. des Menschen, S. 243. — Hoppe-Seyler, a. a. O. S. 243.

Den einzigen Versuch, die Wirkungen des Zuckers wissenschaftlich zu erklären, finden wir bei Billroth, in seinem — schon in der Einleitung erwähnten — Werke: „Untersuchungen etc. über Cocco-Bacteria". Durch den relativ günstigen Erfolg der Milchfeigenverbände bei der an Brustkrebs leidenden Dame angeregt, stellte Billroth die **Fragen** auf: „Was hatte geholfen? der Feigensaft? Die in und an den Feigen haftenden Hefe- und Schimmelsporen? die Milch oder die Milchsäure? Geht etwa die Fäulniss direkt in Gährung über; werden die Vibrionen zu Hefezellen? Oder verbrauchen die Hefezellen die Vibrionen zur Assimilirung in ihre eigene Substanz?" —

Billroth hat keine erschöpfende Antwort auf diese von ihm selbst aufgeworfenen Fragen gegeben, wohl auch nicht geben können, da er sich auf das unerschöpfliche Gebiet der Bacterienforschung begeben hatte. Trotz all des Werthvollen, das sein Werk bietet, nennt er dennoch diese, „nach fünfjährigem rastlosen Fleisse verfasste Arbeit": **ein Fragment.** —

Hier muss jedoch auf einen Umstand ganz besonders aufmerksam gemacht werden.

Zur Zeit der Billroth'schen Forschungen waren die erst in den Jahren 1872—1874 erschienenen Schriften Claude Bernard's, welche so überaus wichtige Aufschlüsse über den Zucker und seine Wirkungen im Organismus enthalten, noch nicht veröffentlicht.

Dagegen hätte Lücke sich bereits auf Claude Bernard beziehen und bei Anwendung des Zuckers zu Wundverbänden denselben nicht bloss „als ein leicht zu beschaffendes Verbandmittel" empfehlen können. Denn einzig und allein dieser Eigenschaft wegen wird er schwerlich besonders häufig in Hospitälern angewendet werden. Nur als Hausmittel bei kleinen Verletzungen, Anschwellungen und zur **Verhütung von Blutvergiftungen** — worauf Lücke aber gar nicht aufmerksam macht — würde der feingepulverte Zucker eine sehr ausgedehnte Anwendung finden. Hierbei bemerke ich noch, dass eine **Auflösung** des Zuckers das ausströmende Blut stillt, und zugleich eine Infizirung und Reizung der Wunde verhütet. — Dies sind jedoch alles rein äusserliche Beobachtungen; von Cl. Bernard aber wurde festgestellt[1]: dass der normale Zuckergehalt des Blutes sofort eine Steigerung erfährt, **falls im Organismus ein Schaden auszubessern** ist. Alsdann strömt **zuckerreicheres Blut** herbei, und dieser „heilsame Versuch der Natur", den Schaden, welchen der Organismus erlitten hat, wieder auszugleichen, dauert an, entweder bis zur Wiederherstellung, oder bis Mangel an Zucker und Glykogen im Körper eintritt. —

Demnach ist die Anwendung des Zuckers als Verbandmittel nur eine Nachahmung des „heilsamen Versuches der Natur", und der Zucker selbst **das Ideal eines Verbandmittels** überhaupt. Abgesehen von kleinen Unzuträglichkeiten, die vorläufig noch mit der Anwendung desselben verbunden sind, die sich jedoch allmählich vollständig werden beseitigen lassen[2], ist der Zucker

ein antiseptisches, giftfreies, in beliebiger Menge anzuwendendes, und — vermöge seiner Eigenschaft überall vom Organismus aufgenommen zu werden — den verletzten Stellen **direkt Stoff zuführendes Verbandmittel.**

---

[1] Le Diabète. a. a. 3,1. S. 46.
[2] vgl. Lücke, Dtsch. Ztschr. f. Chir. 1885. S. 228.

IV.

Welchen Einfluss übt der Zusatz von Zucker auf Fäulnissprozesse und Bacterienbildung aus?

In seinen schon mehrfach erwähnten „Untersuchungen etc."[1]) schreibt Billroth: „Die in der Einleitung mitgetheilte nächste Veranlassung zu diesen Studien über Fäulniss war die Ursache, weshalb ich mich in erster Linie mit dem Einfluss des Zuckers auf diese Vorgänge beschäftigte." — Wie bereits bemerkt, hatte Billroth in bezug auf den Milchfeigenverband festgestellt, dass weder die Milch, noch die Feigen selbst den üblen Geruch des in Rede stehenden Krebsgeschwüres hätten entfernen können, dass diese Wirkung vielmehr nur auf Rechnung des an den Feigen haftenden Zuckers zu setzen sei. Nun hat Billroth thatsächlich zu wiederholten Malen die Bildung von Hefe bei Zuckerzusatz in Fäulnissvegetationen wahrgenommen, somit also — ohne es jedoch zu beabsichtigen — die Alkoholbildung des Zuckers in solchen Fällen festgestellt. —

Billroth hat aber gar kein Gewicht auf die Umsatzprodukte des Zuckers gelegt, und spricht sogar — wie weiterhin näher zu erwähnen — im Widerspruch zu seinen eigenen Feststellungen von „prävalirender Milchsäure" durch Zuckerzusatz bei Fäulniss. Er wollte eben nur „zunächst die Richtigkeit der hier und da ausgesprochenen Ansicht prüfen, dass sich bei Gegenwart von Zucker die Keime der Fäulniss-

---
[1]) Berlin, 1874. S. 205 ff.

vegetation zu Hefe umbildeten, bei Fehlen desselben zu Bacterien."

Die, wenigstens vorläufig, unmögliche Entscheidung dieser direkt in das Gebiet der generatio aequivoca hineinführenden Frage war wohl auch mit Schuld daran, dass Billroth's Schrift „ein Fragment" geblieben ist. Die Wichtigkeit dieser Frage hat eben den Verfasser alles anscheinend Nebensächliche, in der That jedoch vor der Hand einzig Wichtige übersehen lassen: die Alkoholbildung des Zuckers! —

Im Gegensatz zu Lüders [1]), Karsten [2]) u. A. giebt Billroth an, dass er die Umbildung der Fäulnissfermente in Hefe nicht ganz bestätigen könne, „wenn es auch zuweilen den Anschein danach hatte". Er hat umfangreiche Versuchsreihen mit Zusätzen von Zucker zu Jauche angestellt und hatte einige Zeit lang Hoffnung, die Cocco-Bacteria-Vegetation beliebig zu Metamorphosen in Hefe „zwingen zu können". — Einige Zeit schien dies herrlich zu gelingen; er fand nach mehr oder weniger Tagen gewöhnliche Hefe; doch einige Mal wollte es gar nicht gelingen, mit Fleischaufguss wohl, mit faulem Blut aber nicht. —

Ueber die Anwendung des Zuckers bei phagedänischer Gangrän (Hospitalbrand) äussert Billroth: „Gelingt es einer Bacterien-Vegetation bei phaged. Gangrän soviel Zucker zuzuführen, dass sie ihn vorwiegend assimilirt, eine Modifikation des Stoffwechsels in diesen Organismen, die einige Zeit in Anspruch nimmt, dann verliert die Vegetation wohl auch ihre Fähigkeit als Fäulnissferment; es würde sich dabei um eine wirklich „umstimmende" Wirkung handeln." [3]) — Auch bei Harndiphterie hat Billroth gepulverten Zucker angewendet und giebt an, dass derselbe auch in diesem Falle der Bacterienbildung hindernd entgegentrat; ebenso erwähnt er des guten Erfolges, mit welchem gepulverter Zucker in Deutschland als Volksmittel bei Aphthen kleiner Kinder benutzt wird. —

---

[1]) Lüders, Archiv f. mikroskop. Anatomie, 1867.
[2]) Karsten, Chemismus d. Pflanzenzelle, 1869.
[3]) a. a. O. S. 236.

Wie lassen sich alle diese Erfolge aus der Milchsäurebildung des Zuckers erklären? Von den auch normalerweise im Zahnbeleg u. s. w. vorkommenden niederen Pilzgebilden (Leptothrixgebilde, Hallier), die auch in allen stagnirenden und faulenden animalen Substanzen in grösster Menge vorkommen, nimmt Ranke[1]) an, dass es dieselben sind, die man vorzüglich „bei Wundbrand, Diphterie etc. findet." Er vermuthet, dass ihre Bedeutung auf Einleitung der Milchsäuregährung beruht, welche letztere, durch Unreinlichkeit im Munde der Säuglinge hervorgerufen, die Entwicklung des Soorpilzes unterstützt. — Diese Angabe wird durch Frau Lüders[2]) bestätigt: sowohl die auch von Ranke gefundenen Leptothrixgebilde, als das eigentliche Milchsäureferment, Penicillium glaucum"[3]), und ähnliche Vibrionen und Bacterien sind stets in faulenden Flüssigkeiten und Körpern zu finden. Ebenso sind in der Milch stets diese Keime in sehr grosser Menge vorhanden; doch sind sie solange ohne Bewegung als die Milch nicht fault; wenn die Milch zu gerinnen anfängt, haben sie sich schon sehr stark vermehrt.

Während nun Frau Lüders schreibt: „Die Hefe wird nicht nur aus solchen Schimmelkeimen erzeugt, die unmittelbar aus den Sporen in eine gährbare Flüssigkeit gelangen, sondern ebenso leicht aus solchen, die in faulenden Flüssigkeiten in Vibrionenform enthalten sind", und hinzufügt, dass im günstigen Falle schon nach 48 Stunden die Umbildung der Vibrionenkörner in Hefezellen zu beobachten ist, hat, wie schon bemerkt, Billroth diese Angaben nicht vollständig bestätigt. Doch giebt auch Billroth in Uebereinstimmung mit Frau Lüders u. A. an: dass Hefeelemente (nicht nur von oïdium, sondern auch von andern blass-ovalen, wilden, Hefeformen) viel leichter bei Zuckerzusatz zur Entwicklung kommen, als ohne solchen; da man sonst in faulenden Flüssigkeiten üppig wuchernde Hefesprossverbände nicht wahrnimmt,

---
[1]) Ranke, Phys. des Menschen. S. 243.
[2]) Lüders, a. a. O. S. 318 ff.
[3]) vergl. auch: Pasteur, Mem. sur la ferm. alcool. S. 392.

wie dies aber nach Zusatz von Zucker der Fall ist. Häufig waren die ersten Anfänge der Hefe rasch zu Grunde gegangen und räumten der Cocco-Bacteria-Vegetation den Platz. „Die verschiedene Menge des zugesetzten Zuckers mag dabei den meisten Einfluss gehabt haben."[1]) Ebenso hat auch Frau Lüders[2]) bemerkt, dass es zum Gelingen derartiger Hefekulturen nothwendig sei, „ein gewisses Verhältniss zwischen der Menge der Keime und dem Zuckergehalte der Flüssigkeit" einzuhalten, weil bei zu geringem Zuckergehalte wohl die Fäulniss des hineingebrachten Ferments aufgehoben, aber keine Hefe erzielt wird. —

Wie aus dem bisher Angeführten hervorgeht, erwähnt Frau Lüders nur die Hefebildung; und zwar die Hefebildung, welche stets die Entwicklung des Milchsäureferments und andrer Fäulnisskeime aufhebt. — Es sei dahingestellt, ob wirklich, wie die mehrfach genannte Verfasserin annimmt, eine „Umformung" der Fäulnissvibrionen in Hefekeime stattfindet; oder ob nicht vielmehr, wie auch Billroth vermuthet, der Zuckerzusatz nur die Entwicklung „der in der Jauche enthaltenen oder aus der Luft hineingefallenen" Hefekeime begünstigt. Letztere Annahme stimmt mit meinen bisherigen Ausführungen vollständig überein. Ebenso werden meine, in der Einleitung erwähnten, Beobachtungen über Nichtgerinnung der Milch — resp. Nichtentwicklung des Milchsäureferments — bei genügendem Zuckerzusatz durch die mehrfach genannten Versuche von Frau Lüders bestätigt. —

Es ist festgestellt, und allgemein bekannt, dass Hefeentwicklung stets von Alkoholgährung begleitet ist.[3]) Daher muss es als ein Widerspruch mit seinen übrigen Angaben bezeichnet werden, wenn Billroth (S. 236 seiner „Untersuchungen etc.") schreibt: „Es scheint, dass bei reichlichem Zu-

---

[1]) a. a. O. S. 206.
[2]) a. a. O. S. 336.
[3]) vergl. auch: Pasteur, a. a. O. S. 372; ferner: Schützenberger, Gährungserscheinungen, 1876, S. 63 ff.; auch Traube, a. a. O. S. 61.

satz von Zucker zu faulenden, stinkenden Flüssigkeiten die Milchsäure so prävalirend wirke, dass die stinkenden Zersetzungsprodukte nicht mehr gebildet werden können; demnach wäre Zucker in erster Linie ein Desodorans." Wie hier bereits wiederholt angeführt, hat Billroth das Wachsthum der Hefe bei Zuckerzusatz in Jauche und anderen faulenden Flüssigkeiten bestätigt; er hat angegeben, dass in solchen Fällen die Hefe durch „rege Vegetation das Terrain erobert" und dadurch die Fäulnisskeime in ihrer Entwicklung behindert — woher also plötzlich die Angabe, dass das ebenfalls zu den Fäulnisskeimen gehörende Milchsäureferment durch seine Entwickelung die Fäulniss aufhebt?

Die einfachste und mit allen bis jetzt bekannten wissenschaftlichen Thatsachen übereinstimmendste Erklärung für die Aufhebung der Fäulniss bei Zuckerzusatz ist darin zu finden, dass:

> wo auch immer Entwickelung von Hefe zu constatiren ist, Alkoholgährung stattgefunden hat, oder noch stattfindet.

Die gewöhnliche Hefe (saccharomyces cerevisiae) besitzt die bisher nicht genügend gewürdigte Eigenschaft: **bei reichlich vorhandenem Zucker sich am schnellsten von allen übrigen bekannten „geformten" Fermenten, Bacterien und Vibrionen zu entwickeln.**

Wie bereits ausgeführt, verbrauchen alle pflanzlichen und thierischen Keime, sobald Gelegenheit zu ihrer Entwickelung gegeben ist, Zucker: sie wachsen alle nur in einem „gezuckerten Innern". Die Samen und Eier der Thiere und Pflanzen enthalten jedoch den zu ihrem Wachsthum nöthigen Zucker entweder schon in fertigem Zustande, oder sie bereiten sich denselben im Moment der Keimung — nach Claude Bernard — aus den vorhandenen Kohlehydraten. Nur die Schmarotzerpflanzen machen von diesem allgemeinen Gesetz insofern eine Ausnahme, als sie zu ihrem Wachsthum nicht ihren eigenen, sondern den Zucker ihrer Umgebung verbrauchen. — Kein anderes Ferment besitzt aber bei Gegenwart von Zucker eine solche Entwickelungsfähigkeit wie die Hefe. Pasteur[1]) giebt darüber an: „In eine Lösung von Kandiszucker bringe ich ein Ammoniaksalz, z. B. weinsaures Ammoniak; dann die mineralische Substanz, welche in die Zusammensetzung der Hefe eingeht, und eine fast unwägbare Quantität frischer Hefekügelchen. Merkwürdigerweise entwickeln sich diese; der Zucker gährt, die mineralische Substanz nimmt ab und das Ammoniak verschwindet allmählich." Diese durch Zucker in so hohem Grade begünstigte Entwickelungsfähigkeit der Hefe erklärt die übereinstimmenden Angaben von Billroth und von Lüders: dass die Entwickelung der Hefe in faulenden Flüssigkeiten von der Menge des zugesetzten Zuckers abhänge.

Dass es jedoch keineswegs das Hefewachsthum allein ist, welches der Fäulniss u. s. w. entgegentritt, sondern nur die gerade mit der Hefebildung verbundene Alkohol- und Kohlensäuregährung, geht unter anderem auch aus der Beobachtung Billroth's hervor, dass „Zusatz von frischer Bierhefe oder Presshefe zu Jauche den üblen Geruch nicht benimmt", obgleich auch in solchem Falle die Hefeentwickelung einige Zeit vorwärts schreitet, ehe sie zu Grunde geht. Es fehlt aber alsdann der Zucker, also derjenige Stoff, aus welchem die Hefe, als der hauptsächlichste Träger des Alkoholferments, Alkohol und Kohlensäure bildet.[2])

Nur bei zu niedriger Temperatur und bei zu geringem Zuckergehalte entsteht neben dem Alkohol auch viel Milchsäure bei der Hefegährung. Wieso konnte daher Billroth „bei reichlichem Zuckerzusatz," welcher stets den üblen Geruch der Jauche benahm, prävalirende Milchsäure vermuthen? Diese „prävalirende Milchsäure" ist bekanntlich stets in der

---

[1]) a. a. O. S. 372.
[2]) Die Kohlensäurebildung, die in jedem Falle das Wachsthum, also auch hier das der Hefe — ohne Zuckerzusatz —, begleitet, ist im letzteren Falle zu unbedeutend, um die vorhandene Fäulniss aufheben zu können.

Milch zu constatiren, sobald dieselbe mit faulenden Flüssigkeiten in Berührung kommt — und dennoch hat Billroth gerade von der Milch festgestellt [1]), dass sie in solchen Fällen den üblen Geruch überhaupt nicht entfernen könne.

Erwägt man aber, dass in allen Fällen der Anwendung des Zuckers als Heilmittel, ebensowenig als bei den verschiedenen Versuchen durch Zuckerzusatz in faulenden Flüssigkeiten Hefe zu erzeugen, bisher irgendwie von der dabei von sich gehenden Alkoholbildung die Rede gewesen ist, so leuchtet die in der bisherigen Anschauungsweise liegende Ursache der genannten Billroth'schen Erklärung ein.

Die bekannten fäulnisswidrigen Eigenschaften des Alkohols ebenso wie der Kohlensäure, und die durch Demarquay[2]) festgestellte, rasch desodorirende Wirkung der letzteren bei stinkenden Geschwüren u. s. w., hätten jedoch längst zur richtigen Erklärung der Wirkungen des Zuckers führen müssen.

In den von Lücke angewendeten Zuckerverbänden bei Hospitalbrand konnten niemals Bacterien nachgewiesen werden[3]); letztere hätten bei vorherrschender Milchsäure aber vorhanden sein müssen. — Durch die Alkohol- und Kohlensäurobildung des Zuckers wird jedoch das Verschwinden der Bacterien u. s. w. erklärt. — Hecker[4]) erwähnt, dass Pringle den Zucker auch als Mittel zur Auflösung der Harnsteine benutzte, und alsdann ein Pfund Zucker wöchentlich verbrauchen liess. „Man hat diese Wirkung auf das kohlensaure Gas geschoben, das sich bei der Gährung des Zuckers entwickelt." — Hier finden wir schon eine Vermuthung des wirklichen Sachverhaltes; obgleich in diesem Falle eine Entwickelung kohlensauren Gases ohne die — aber nicht angegebene — gleichzeitige Alkoholbildung undenkbar ist. —

---

[1]) vergl. Billroth, a. a. O. S. 209.
[2]) De la glycérine. Paris 1867.
[3]) Lücke, Centralbl. f. Chir. 1883. S. 538.
[4]) a. a. O. S. 139.

So klar erwiesen nach allen Beobachtungen und Untersuchungen die fäulniss- und bacterienwidrigen Eigenschaften des Zuckers sind, und so unbestreitbar es ist, dass das durch Zuckerzusatz hervorgerufene Wachsthum der Hefe die Fäulniss aufhebt, ebenso klar und unbestreitbar erwiesen ist es auch, dass **kein Wachsthum der Hefe ohne Alkohol- und Kohlensäurebildung** aus dem Zucker vor sich gehen kann! Und mit der Alkohol- und Kohlensäurebildung aus dem Zucker, ist auch der Einfluss desselben auf die Fäulnissfermente erklärt:

> nicht der Gährung an sich, wie Billroth vermuthete, noch viel weniger der Milchsäuregährung sind etwa **Heilwirkungen** zuzuschreiben, sondern — neben der antiseptischen Wirkung der Alkohol- und Kohlensäuregährung — der **bei der letzeren** zugleich stattfindenden beträchtlichen Temperaturerhöhung. —

V.
Der Zucker und die Verdauung.

Jean Paul sagt: „Die Verdauung spüren, heisst eben keine spüren, sondern vielmehr Unverdaulichkeiten." — Es giebt wohl nur wenige Menschen, die nicht schon ein Mal in ihrem Leben „die Verdauung gespürt" und an den Folgen eines verdorbenen Magens, wenn auch nur vorübergehend, gelitten haben. Alle diese haben in solchem Falle mehr oder weniger „Magensäure" empfunden. — Der Zustand des Magens, welcher ebensowohl bei geringfügiger Magenverstimmung, also bei schweren Magenübeln festzustellen ist, die übermässige Milchsäuregährung im Magen, wird gewöhnlich als Magensäure bezeichnet. Fast jedes chronische Magenleiden bringt beständig bei den Patienten diese überaus lästige Empfindung hervor.

Ebenso, wie es im übrigen inbezug auf organische Körper constatirt ist, führt auch im Magen die übermässige Milchsäurebildung Fäulnissprozesse herbei. Die gährenden Flüssigkeiten im Magen sind, nach Hoppe-Seyler, ein sehr günstiger Boden für die Wucherung von niederen Organismen, Sarcinen, bei Kindern Soor, u. s. w.; ihre Entwickelung beschleunigt die Zersetzung. „Neutralisirt man in solchen Fällen die Säure im Magen durch Verabreichung von Natrium-, Calcium-, Magnesium-Carbonat, so beschleunigt man die Säurebildung und damit auch die Fäulnissprozesse noch mehr, wenngleich die lästige Reizung des Magens und Rachens durch Milchsäure und Essigsäure aufgehoben wird."¹) —

Der ganze Arzneischatz der heutigen Medizin ist bisher vergebens aufgeboten worden, um die schon chronisch oder gar bösartig gewordenen abnormen Magenzustände zu beseitigen. Und dies alles nur, weil bis jetzt noch niemand gewagt hat, an dem, allen Feststellungen der neueren Wissenschaft widersprechenden, Vorurtheil: der Zucker bilde im Organismus, namentlich auch im Magen, nur Milchsäure, zu rütteln!

Hufeland, dessen Bedeutung weit weniger seinen wissenschaftlichen Forschungen, als vielmehr seiner eminent scharfen Beobachtung und geistreichen Auffassung entsprang, schreibt²): „Nach einer zu starken Mahlzeit habe ich sehr oft durch zwei Loth Zucker in Wasser aufgelöst, alle Beschwerden vergehen sehen. Er wirkte, wie das beste Digestiv." — Wie wäre eine solche Wirkung möglich, wenn der Zucker im Magen die Milchsäuregährung, und dadurch die Fäulnissprozesse vermehrte? Und letztere Ansicht herrscht doch noch selbst bei berühmten heutigen Magenärzten, die in ihrer Diät bei Magenkranken „nur kleinste Mengen von Zucker" gestatten!

Es ist bisher noch niemand, ausser Hufeland, eingefallen, den reinen Zucker, gleichviel, ob Rohr-, Trauben- oder Milchzucker — die Zuckerart ist gleich, hier, wie in den meisten andern Fällen der Zuckeranwendung — als Verdauungsmittel anzuwenden. Man hat eben die gewonnenen Erfahrungen über Zuckergenuss und Magensäure (Milchsäure) nur bei gezuckerten, aus Mehl und meist auch mit Butter bereiteten, Speisen gemacht, nicht aber mit blossem Zucker.³)

---

¹) Hoppe-Seyler, Physiol. Chemie, II. 1878. S. 243.
²) Makrobiotik, II. 2.15.
³) Das Vorurtheil: dass der Zucker „Magensäure" verursache, hat auch noch folgenden Grund. Wenn Leute, die zwar nicht magenleidend sind, die aber doch mangelhaft verdauen — besonders verweilen die Speisen bei ihnen zu lange im Magen — einige Zeit nach

Jeder, der nach genossener Mahlzeit an „Unverdaulichkeiten", an Magensäure, Sodbrennen u. s. w. leidet, wird, wenn er fünf bis zehn Stücke (25—60 gr.) gewöhnlichen Zuckers, zerkleinert, zugleich mit einem Glase frischen Wassers, nicht auf einmal, sondern allmählich, zu sich nimmt, sich von seinen üblen Empfindungen befreit sehen.

Die Erfahrung, die ich seit vielen Jahren an mir selbst, sowie an Personen verschiedensten Alters, mit dieser Anwendung des Zuckers gemacht habe, hat gelehrt: dass der Zucker — entgegen den Alkalien, die bei dauernder Benutzung das Uebel stets verschlimmern — durch fortgesetzte vernünftige Verwendung zur allmählichen Besserung und bis zur vollständigen Beseitigung des Leidens führt.

Ein berühmter jetzt lebender Arzt giebt zwar zu: „dass der Zucker in manchen dyspeptischen Zuständen helfen könne", erklärt aber dennoch, dass er den Gebrauch des Zuckers in derartigen Fällen möglichst einschränke. — Weshalb diese allgemeine Einschränkung, wenn der Zucker in „manchen" Fällen günstig wirkt? Und woher kann die günstige Wirkung des Zuckers in manchen Fällen kommen? Ist diese Frage keiner Untersuchung werth?

Hoppe [1]) schreibt: „Im Jahre 1852 unterschied man noch, z. B. in Ruete, allgem. Therapie, ja es geschieht jetzt noch, erschlaffende Mittel oder Emollentia, und rechnete zu diesen unter anderen auch den Zucker. Der Zucker also ein remed. relaxans und emolliens! — Jetzt ist er ein Stoff von chemischer Bedeutung . . ." Wie es scheint, ist man gegenwärtig von dem Standpunkte Hoppe's wieder sehr weit ab-

---

der Mahlzeit ein wenig Zucker geniessen, so spüren sie darnach Säure. Diese Säure ist dann in der That Milchsäure: die genossene kleine Quantität Zucker, die zu gering ist, um die bereits im Magen vorhandene gewesene Milchsäuregährung zu unterdrücken, wird vielmehr in diese noch mit hineingerissen, und man spürt die vermehrte Milchsäure. — Es kommt eben hier, wie in allen Fällen, nur auf die „genügende Zuckermenge" an. —

[1]) a. a. O. S. 270.

gekommen. Während Hoppe schon im Jahre 1862 die Hoffnung aussprach, dass man „bei Anwendung und Benutzung des Zuckers als Arznei- und Genussmittel die Wirkungen desselben durch die Praxis an Gesunden und Kranken ermitteln und auf Gesetze zurückführen" werde, giebt man jetzt noch, veralteten Theorien folgend, nur die Milchsäurebildung aus dem Zucker im Organismus zu. Trotz der erwähnten Ermittelungen Claude Bernard's, dass der Zucker der Nahrung nicht in Milchsäure übergeführt werde, wie man einstmals geglaubt habe, und trotz der Angabe Hoppe-Seyler's, dass die Zuckerarten im Darmkanal gar nicht oder zum sehr geringen Theile in Milchsäure u. s. w. sich umsetzen, vermeidet man nur wegen der vermutheten „übermässigen Milchsäurebildung" Magenkranken Zucker zu geben. Natürlich ist auch infolge dieser Vermuthung die Beobachtung von Hufeland vollständig in Vergessenheit gerathen: steht sie doch in direktem Widerspruch zur Theorie der Milchsäurebildung aus dem Zucker! —

Wie oft ist die Verdauung nicht schon als „Gährungsprozess" bezeichnet worden! Noch niemals aber wurde versucht, die eigentliche Gemeinsamkeit dieses Gährungsprozesses mit anderen, vor allem mit der Brot- und Biergährung, nachzuweisen. Bei gestörter Verdauung suchte man stets nur auf die Umsetzung der Eiweisskörper einzuwirken; daher die, schon von Hoppe-Seyler als unsinnig bezeichneten, ausschliesslichen Pepsingaben. Dass die Umsetzung der eingeführten, als so sehr leicht verdaulich angesehenen, Stärkemehlsubstanzen auch in solchen Fällen in normaler Weise vor sich gehe, betrachtete man eben als selbstverständlich. Dies ist aber eine durchaus falsche Ansicht.

Aus der in dyspeptischen Zuständen vorhandenen übermässigen Milchsäurebildung im Magen, hervorgerufen meist durch übermässig langes Verweilen der Speisen in demselben, ergeben sich ganz besondere Einwirkungen auf das Stärkemehl. Die Umsetzung desselben in Dextrin und Zucker hat — unter normalen Verhältnissen — bereits im Munde begonnen und wird im Magen noch eine Zeit lang fortgesetzt. Der aus der Stärke entstandene, sowie der direkt eingeführte Zucker werden nach Cl. Bernard [1]) u. A. noch vom Magen aus resorbirt. Ist aber die Verdauung gestört, so wandelt sich dieser Zucker im Magen in Milchsäure um. Aus diesem Grunde hat man auch die Zufuhr des Zuckers selbst in Magenkrankheiten verboten.

Hierbei hat man folgenden wichtigen Punkt übersehen: wenn die Verdauung gestört, verlangsamt ist, dann ist auch die normalerweise schon im Magen sonst vorhandene Zuckermenge nur eine sehr geringe. Alsdann finden, wie überall bei Zuckermangel, die im Magen zahlreich vorhandenen Milchsäurefermente das geeignetste Feld für ihre Entwickelung.

Sobald man in solchem Zustande irgend welche Nahrung zu sich nimmt, ergiebt sich Vermehrung der Milchsäure; dies gilt auch für sog. „gezuckerte Substanzen", worunter meistens leichtes Backwerk u. s. w. verstanden wird. Anders aber ist es mit dem Zucker selbst:

> eine genügende Zuckermenge bei vorhandenen Milchsäure- und sich daraus weiter entwickelnden Gährungen dem Magen zugeführt, wirkt in gleicher Weise, wie eine genügende Zuckermenge in faulenden Flüssigkeiten, als wie Jauche u. s. w.

Ebensowenig als in irgend einem faulenden Körper durch Zusatz Zucker bildender Stoffe die Fäulniss aufgehoben werden kann (vgl. Billroth, Lüders u. A.), sondern nur durch den Zucker selbst, ebensowenig heben im Magen gezuckerte Stoffe die bis zur Fäulniss führenden Gährungen auf, sondern vermehren, im Gegentheil, die Gährung noch bedeutend.

Nur durch den Zucker — die Art desselben ist gleich — welcher die nämlichen antiseptischen Wirkungen innerhalb wie ausserhalb des Organismus zeigt, kann auf die Verdauung eingewirkt werden. Dies wird durch die Beobachtung

---

[1]) a a. O.; Bd. 2,2. S. 1065. vergl. auch: Ranke, Phys. d. M. S. 253.

Hufeland's, sowie die von mir seit vielen Jahren durch Zuckeranwendung erzielten Erfolge bewiesen.

Einzig und allein das durch die einfachsten Proben zu widerlegende Vorurtheil, dass der Zucker im Magen Milchsäure bilde, hat die eben angeführten Thatsachen so lange unbemerkt lassen können.

Bei der Brotbereitung hatte man längst wahrgenommen, dass eine zu niedrige Temperatur, durch welche die Gährungsprozesse verzögert werden, ferner schlechte Hefe, bei welcher die Umsetzung des Mehls in Zucker nur sehr mangelhaft stattfindet, das „Aufgehen" des Brotes hindern. Dies heisst, anders ausgedrückt: dass bei zu niedrigem Wärmegrade und bei Zuckermangel die Alkohol- und Kohlensäurebildung im Brote in zu geringem Maasse vor sich geht. Bekannt ist, dass in solchen Fällen zuviel Milchsäure im Brote sich befindet[1]) (Wasserstreifen). —

Ebenso bewirken in der Biergährung die beschleunigten Vorgänge bei Anwendung der „Oberhefe" eine rege Alkohol- und Kohlensäurebildung; wird dagegen „Unterhefe" benutzt, so ist die Gährung verlangsamt und es wird viel Milchsäure erzeugt.

Die auffällige Aehnlichkeit dieser Vorgänge mit denjenigen bei der Verdauung ist dennoch bisher nirgends hervorgehoben worden. — Man hat überhaupt, sowohl bei der Verdauung, wie bei allen Vorgängen im Organismus, fast nur die physiologischen Verhältnisse beachtet; die chemischen dagegen nur wenig berücksichtigt. Daher haben auch die Beobachtungen Schiff's nicht zu näheren Untersuchungen geführt.

Schiff[2]) giebt an, dass die Wirksamkeit des Magensaftes während der Mahlzeit nur gering sei, und erst später „allmählich anwachse." Vor allem soll das Dextrin die Eigenschaft besitzen, die Pepsinbildung im Magensaft und im Pankreas zu vermehren.

---

[1]) Moleschott, Physiol. der Nahrungsmittel. S. 290 — Ranke, a. a. O. S. 163.
[2]) Archiv der Heilkunde, II. — vergl. auch: Ranke, a. a. O. S. 254

Schiff hat übersehen, dass Dextrin sich schon im Magen in Zucker umwandelt. Hoppe-Seyler bezweifelt überhaupt, dass Dextrin ohne vorherige Ueberführung in Zucker resorbirbar sei, „da es im Chylus und im Blute nicht aufzufinden ist."

Ranke[1]) vermuthet daher auch, dass nicht die Pepsinbildung, sondern die „Säurebildung" durch Dextrin vermehrt werde.

Welche Säurebildung? Doch nur die nach Umwandlung des Dextrins in Zucker aus dem letzteren gebildete Säure? Dann haben wir eben in den Wirkungen des Dextrins nur die Wirkungen des Zuckers vor uns, und die Versuche von Schiff beweisen nur die Richtigkeit der von mir angeführten Beobachtungen über den Zucker. —

Man vergleiche einmal die Thatsache, dass: je nach der Menge der im Brote entwickelten Kohlensäure, auch die zur leichteren Verdaulichkeit beitragende Umwandlung (Peptonisirung) des Klebers vorgeschritten ist, damit, dass: nach den Angaben Schiff's, der Zusatz von Dextrin die Umwandlung der Eiweissstoffe befördert. In beiden Fällen, im Brote, wie im Magen, ist bei günstigem Verlauf die Menge der Kohlensäure erheblich gestiegen, in beiden Fällen stört die übermässig vorhandene Milchsäure die weiteren Umsetzungen.

Die Erklärung für die Beobachtungen von Schiff liegt eben darin, dass die Eiweissstoffe als „hefenartige Körper" — nach Moleschott — sowohl im Magen, wie im Brote den Zucker in Alkohol und Kohlensäure umsetzen und durch ihre Wirksamkeit sich selbst peptonisiren. Ebenso wie Wachsthum und Wirksamkeit der Hefe eine beträchtliche Menge vorhandenen Zuckers beanspruchen, ebenso auch die Eiweisskörper zu ihren Weiterumsetzungen. Die Hefe geht zu Grunde durch Zuckermangel, und die Eiweisskörper im gleichen Falle gehen durch übermässige Milchsäurebildung in Fäulniss über. Und wie schon Liebig[2])

---

[1]) Physiol. des Menschen. S. 254.
[2]) Liebig. Annalen. 1870. S. 33.

festgestellt hat, dass „in stinkendste Fäulniss übergegangene Hefe durch Zusatz einer Zuckerlösung wieder gährungsfähig werden kann, wobei zugleich der üble Geruch verschwindet" — so kann auch durch Zuckergenuss bei Verdauungstörungen die beginnende oder schon vorgeschrittene Fäulniss der Nahrungsstoffe unterbrochen werden.

Es giebt nicht zwei Arten von Chemie — dieselben Gesetze beherrschen die Ereignisse, mögen letztere den lebenden Körper oder jeden andern Ort zum Schauplatz ihrer Wirksamkeit haben! — Dieses „physiologische Axiom" hätte, selbst wenn noch keine praktischen Beweise der Richtigkeit des eben Angeführten vorlägen, theoretisch zu der Erkenntniss führen müssen: dass der Zucker ebenso im Magen die Fäulniss aufhebt, wie er dies in den verschiedensten anderen faulenden Flüssigkeiten und Körpern zu thun im Stande ist.

Angesichts der Fülle moderner Erforschungen scheint aber das „Denken in der Medizin" sich etwas verdunkelt zu haben.

Wie könnte sonst, nachdem festgestellt worden, dass die **Milchsäurebildung selbst schon als Beginn der Fäulniss anzusehen sei** und in ihrem weiteren Verlauf direkt zur Fäulniss überführe, wie könnte da noch „vermuthet" werden, es sei — nach Zuckerzusatz zu den in Zersetzung befindlichen Stoffen — die Milchsäure, welche die Fäulniss aufhebe?

Sowohl Billroth als Frau Lüders haben Wachsthum der Hefe und Sistirung der Fäulniss bei Zuckerzusatz festgestellt; die angeführte Beobachtung Liebig's über das Verhalten „faulender Hefe" in Zuckerlösung ergiebt dasselbe Resultat. Ist nun Hefewachsthum mit Alkohol- und Kohlensäurebildung aus dem Zucker identisch, und ist es festgestellt, dass diese Erscheinung die Fäulniss aufhebt; ist es festgestellt — und es lässt sich von jedem, der es versuchen will, täglich von neuem feststellen —, dass der Zucker die zur Fäulniss führenden Gährungen im Magen aufhebt, so lässt sich auch die Gleichheit beider Erscheinungen nur aus der überall gleichen Eigenschaft des Zuckers erklären: bei Gegenwart von Hefe in Alkohol und Kohlensäure zersetzt zu werden!

Man hütet sich aber ängstlich, selbst wo die Gemeinsamkeit beider klar zu Tage liegt, die Vorgänge im Organismus mit denen in der Retorte zu vergleichen.

Das eine Mal wird die Heilung eiternder Wunden, die Sistirung der Fäulnissprozesse an denselben, durch die Milchsäurebildung aus dem Zucker erklärt; das andere Mal nimmt man an, dass der Zucker durch seine Milchsäurebildung die Fäulnissvorgänge im Munde — bei Aphthen u. s. w. —, sowie bei Dyspepsie im Magen, vermehre!

Dieser Widerspruch entstammt dem Dunkel physiologischer Vorstellungen; die klare chemische Anschauung erweist sofort, dass der Zucker weder in dem einen Falle durch Milchsäurebildung als heilendes, noch in dem andern Falle durch ebendieselbe Milchsäurebildung als zerstörendes Prinzip wirkt, sondern in beiden Fällen die gleiche antiseptische Wirkung durch seine Umsetzung in Alkohol und Kohlensäure ausübt. —

Durch Versuche mit künstlichem, aus Fleisch mit Pepsin und Salzsäure bestehendem, Verdauungsgemisch ist erwiesen, dass Zuckerzusatz in solchem keine Milchsäure entstehen lässt. —

Sobald man sich erst daran gewöhnt haben wird, die Gespensterfurcht vor der „Milchsäurebildung im Magen durch Zucker" zu bannen, so werden auch bei Magenleidenden aller Art, wie überhaupt bei Personen mit schwacher Verdauung, die günstigen Folgen des reichlichen Zuckergenusses sofort zu Tage treten.

Wie der Zucker in seiner dreifachen Eigenschaft: als Nahrungsmittel, als Verdauungsprodukt und als sehr erheblicher, immerwährender Bestandtheil des Organismus, schon seiner Natur nach jedem Medikament, es habe Namen, wie es wolle, entgegengesetzt ist, so auch in seinen Wirkungen bei dauernder Anwendung.

Entgegen allen Medikamenten kann der Genuss des Zuckers nach andauerndem Gebrauche immer mehr eingeschränkt und schliesslich ganz aufgehoben worden. Indessen wird sich wohl letzteres in den wenigsten Fällen als wünschenswerth erweisen.

Denn erst wenn die Erfahrung in den weitesten Kreisen festgestellt haben wird, dass der Genuss des Zuckers nicht nur keine ungünstige, sondern vielmehr eine ganz hervorragend günstige Wirkung auf die Verdauung auszuüben im Stande ist, dann erst wird seine Bedeutung als Nahrungsmittel vollständig gewürdigt werden.

Vier Fünftel unserer Nahrung, die gesammte stickstofflose Kost, muss, wie schon erwähnt „die Zuckerstufe überschreiten", das heisst: nur nach geschehener Umwandlung in Traubenzucker kann sie in die Säftemasse des Körpers übergehen.

Bei reichlicher Ernährung lagert sich der Zucker in seinem Centraldepôt, in der Leber, in der Form von Glykogen ab; durch letzteres wird der verbrauchte Zucker des Körpers immer wieder von neuem ersetzt. Ist jedoch die Ernährung gestört, so verarmt die Leber an Glykogen[1]), mithin auch der ganze Organismus an Zucker.

Nun ist erwiesen, dass die Glykogenvorräthe in der Leber gesteigert werden können: einerseits durch vermehrte Eiweissmengen bei gleichem Zuckergehalte der Nahrung, andrerseits durch grössere Zuckerzufuhr bei normaler Eiweissmenge.[2])

Hervorzuheben ist hier noch besonders, dass von allen glykogenbildenden Stoffen der Rohrzucker die stärkste glykogenetische Kraft besitzt (Cl. Bernard[3]), und dass wir, abgesehen vom Honig, welcher aus anderen Zuckerarten besteht, in unserer Nahrung fast ausschliesslich Rohrzucker geniessen.

Welches Nahrungsmittel soll nun gewählt werden, falls durch Ernährungsstörungen die Reservevorräthe im Körper

---

[1]) Hoppe-Seyler, a. a. O. III. S. 708; Cl. Bernard, Rev. sc. Bd. 3,1. S. 46.
[2]) Wolffberg, Cl. Bernard, u. A.; vergl. Hoppe-Seyler, a. a. O. S. 712 ff.
[3]) a. a. O. 3,1. S. 538.

— das Glykogen in der Leber — zum grossen Theil verschwunden sind? Nicht nur der Arzt, jeder Laie weiss, dass durch andauerndes Leiden die Kräfte des Kranken „erschöpft" werden; aber nur wenige Laien wissen, dass eine solche „Erschöpfung" mit dem „Verschwinden des Glykogens in der Leber" und dem Verarmen des Blutes an Zucker gleichbedeutend ist. Die Abnahme des Glykogens in der Leber „bei jeder Art von Leiden, Quälereien u. s. w." ist zwar eine von allen Physiologen und den meisten Aerzten gekannte, bisher aber von allen insgesammt unbeachtet gebliebene Thatsache.

Selbst Claude Bernard, dessen Untersuchungen auf diesem Gebiete zu den umfassendsten gehören, hat an seine Feststellungen keinerlei Folgen geknüpft. Er hat zwar festgestellt, dass: „bei allen krankmachenden Störungen des Körpers gezuckertes Leberblut herbeiströmt, um den Schaden wieder auszugleichen"; er hat festgestellt, dass „diese vermehrte Glykämie, dieser reichliche Zuckergehalt des Blutes, andauert, bis der Organismus wiederhergestellt ist", und dass es „ein Zeichen der erschöpften Lebenskraft sei, wenn der Zuckergehalt des Blutes abnehme" — nirgends aber hat er einen Rath gegeben, auf welche Weise man dem Zucker- und Glykogenmangel bei organischen Störungen abhelfen solle. Nirgends hat er empfohlen, zur Wiederherstellung der Gesundheit den „heilsamen Versuch der Natur" nachzuahmen und auf Vermehrung des Zuckers im Blute hinzuwirken.

In richtiger Erkenntniss der Thatsache, dass die sogenannte „kräftigende" Kost, worunter meistens eiweissreiche Nahrung verstanden wird, von einem geschwächten Organismus nicht bewältigt werden könne, verordnet die neuere Medizin den Leidenden stärkende Weine — übrigens eine Verordnung, der in den mittleren und ärmeren Ständen nur äusserst mangelhaft nachgekommen wird, oder vielmehr, werden kann! Der Wein soll einer, vielfach sehr dunklen, Vorstellung zufolge, „die gesunkenen Kräfte heben"; dies heisst, mit anderen, klareren Worten: er soll den Organismus befähigen, die genossenen Nahrungsmittel zu verarbeiten. —

Bedarf denn aber der geschwächte Organismus überhaupt der eiweissreichen Kost? Dies ist eine Frage, die noch niemals gestellt worden, so naheliegend sie auch ist, oder vielleicht — weil sie so naheliegend ist?

Nach Ranke, Voit u. A. ist der Eiweissverbrauch des Körpers eine „constante Grösse"; nur das Fett und die Kohlehydrate erfahren durch Arbeit und Krankheit eine bedeutende Abnahme. Was ist also einfacher, als daran zu denken, dem leidenden Organismus seine Verluste auf möglichst leichte Art wieder zu ersetzen?

Man hat aber daran nicht gedacht, sonst würde man geschwächten Personen keineswegs sog. „nahrhafte", sondern vorerst sehr zuckerreiche Kost, am besten Zucker in Natur bieten.

Man wage doch einmal den Versuch, schwachen, leidenden Personen verschiedensten Alters 50 bis 100 gr. Zucker täglich, zuweilen noch mehr, zu geben, und sie dadurch in den Stand zu setzen, eiweissreiche Kost auch wirklich auszunutzen.[1]

Denn gerade die Umsetzung der Eiweissstoffe erfordert gesunde, kräftige Verdauungsorgane. Besonders aber erfordert „jedes über den nothwendigen Bedarf eingeführte Mehr an Eiweisskörpern" zu seiner Verarbeitung eine Anstrengung[2], die einer mangelhaften Verdauung nicht geboten werden darf.

Dagegen ist die zur Verdauung des Zuckers verwendete Kraft, nach Ranke, „zwar nicht gleich Null, aber weit geringer als die zur Verdauung aller übrigen Nahrungsmittel erforderliche Kraft."[3]

Kann demnach noch zweifelhaft sein, dass dem Glykogenmangel bei kranken und geschwächten Personen am leichtesten durch Zuckergenuss abzuhelfen ist, und nicht etwa durch

---

[1] vgl. S. 44.
[2] Hoppe-Seyler, a. a. O. S. 712.
[3] Ranke, Ernährung des Menschen, S. 295.

eiweissreiche Nahrung? Noch weniger braucht auf die im leidenden Organismus vorhandene Armuth an Zucker und Zucker bildenden Stoffen hier nochmals hingewiesen zu werden.

Es ist eine erstaunliche Kurzsichtigkeit der Aerzte, dass die grossartigen Entdeckungen der neuesten Zeit auf dem Gebiete der Ernährung und des Stoffwechsels bisher nur eine so geringe Anwendung gefunden haben.

Wie hätte man sonst die hohe Bedeutung des Zuckers noch immer so vollständig ignoriren können?

Wenn der Zucker derjenige Stoff ist, dessen vermehrtes Auftreten im Pflanzensaft, wie im Blute „vermehrte Lebensenergie" anzeigt (Cl. Bernard); wenn das Verschwinden des Zuckers in Pflanze und Thier durch Krankheit und Mangel zugleich den Rückgang der Kräfte bedeutet; wenn man durch direkte Zuckerzufuhr den Zucker im Blute am schnellsten vermehren, und überdies die Verdauung des Zuckers nur eine minimale Anstrengung, weit geringer, als die aller übrigen Nahrungsmittel, erfordert — wenn dies alles längst erkannt und bewiesen ist, warum hat man den Leidenden den Zuckergenuss noch niemals empfohlen?

Die Antwort auf diese, wie auf alle ähnlichen Fragen lautet: weil man, nicht nur im Volke, sondern auch in ärztlichen Kreisen den Zucker als Nahrungsmittel gar nicht ernstlich in Betracht zieht! Alle anderen Nahrungsmittel isst man, den Zucker aber nascht man — das ist die allgemein herrschende Anschauung!

Bei Bananenmehl, Kartoffelmehl, Arrow-root u. s. w. kommt in ihrer Schätzung als Nahrungsmittel nur der Gehalt an Stärkemehl, keineswegs der überaus geringfügige Eiweissgehalt in Betracht. Wenn nun ein Arzt einem Kranken z. B. Arrow-root als besonders „nahrhaft" empfiehlt, ist er sich darüber vollständig klar, dass dies Arrow-root von den Verdauungsorganen des Kranken erst in Zucker umgesetzt werden muss, um der Ernährung zu dienen?

Sicherlich ist er sich darüber nicht klar, sonst würde

er den angegriffenen Organen des Kranken diese Arbeit ersparen und das Stärkemehl, wenigstens theilweise, durch Zucker ersetzen. Denn es ganz durch den Zucker zu ersetzen wird nur in den wenigsten Fällen nothwendig und den meisten Leidenden nicht erwünscht sein: unser Geschmack wird am meisten befriedigt und unser Wohlbefinden am besten gefördert, wenn die der Ernährung dienenden Stoffe „in der eigenen Küche des Individuums" zubereitet, das heisst, auf dem Verdauungswege gewonnen werden. Trotz der letzteren durch die tägliche Erfahrung bestätigten Thatsache ist jedoch in allen Fällen, wo die Ernährung überhaupt, nicht nur die Magenverdauung, gestört ist und die Stärkemehlumwandlung infolge dessen mangelhaft vor sich geht, der reichliche Zuckergenuss von überaus grossem Werthe.

Bis jetzt hat man aber die haarscharf in einander greifenden Thatsachen: das Verschwinden des Zuckers im Blute bei Krankheiten und Ernährungsstörungen, und sein reichliches Auftreten bei wiedererwachendem Leben in Pflanze und Thier; die direkten antiseptischen Eigenschaften des Zuckers und die grosse Aufnahmefähigkeit, die der Organismus in allen seinen Theilen für denselben besitzt (Cl. Bernard, v. Becker), nicht in ihrem Zusammenhange erfasst.

Nur wenn man den Zucker in all seinen Wirkungen auf den Organismus betrachtet, wird er nicht nur ein allen anderen gleich werthiges Nahrungsmittel, wird die Thatsache, dass das Stärkemehl u. s. w. sich vorher in Zucker umwandeln muss, um in die Säftemasse überzugehen, kein blosser „Kunstgriff der Natur" mehr sein, angewendet, um dem Körper Ernährungsmaterial in möglichst reiner Form zuzuführen — werden die antiseptischen und mit der Milchsäuregährung unvereinbaren Eigenschaften des Zuckers nicht mehr, wie jetzt, unerklärlich sein, sondern sich aus seiner Alkohol- und Kohlensäurebildung erklären, und damit erst der Zucker in seiner ganzen Bedeutung erkannt werden!

VI.
Zucker und Kohlensäure.

Im zehnten Bande seines „Archivs" giebt Pflüger eine ebenso geistreich erfundene, als fesselnd dargestellte Erklärung über die Uranfänge des organischen Lebens, welches er durch die Entstehung der — Kohlensäure aus dem Cyan beginnen lässt.[1] —

Dieser Gedanke erinnert, auch in seiner weiteren Ausführung, an einen ähnlichen, den Liebig in einem aus seiner letzten Lebenszeit stammenden Aufsatze unter dem Titel: „Ueber die Gährung, die Quelle der Muskelkraft und Ernährung"[2] dargestellt hat, worauf auch von Pflüger hingewiesen wird.

Liebig knüpft an die, hier schon angeführte, Thatsache an, dass die bereits in stinkendste Fäulniss übergegangene Hefe in Zuckerwasser noch Gährung erzeugen kann; ferner daran, dass die Hefe sich neu generirt, indem sie den Zucker zersetzt, d. h., ihn in Alkohol und Kohlensäure überführt.

Aehnlich bemerkt Pflüger: „Die Prozesse der Oxydation des lebendigen Eiweissmoleküls laufen hauptsächlich im Be-

---

[1] Pflüger's Archiv, Bd. X, 1875. („Ueber die physiologische Verbrennung in den lebenden Organismen").
[2] Liebig's Annalen, Bd. CLIII, 1870.

reiche der Kohlenwasserstoffradikale ab; daher kann bei **Gegenwart von Fett und Kohlehydraten das Eiweissmolekül sich regeneriren.**" Dies heisst, anders ausgedrückt: die organische Zelle überhaupt, nicht nur die pflanzliche, sondern auch die thierische, wird durch Kohlenwasserstoffe wieder lebenskräftig und somit in den Stand gesetzt, sich die zu ihrem weiteren Wachsthum nöthigen Proteïnsubstanzen anzueignen.[1])

Die thierische Zelle spaltet nicht nur das Fett, sie führt auch, ebenso wie die pflanzliche, sämmtliche Kohlehydrate vor dem Verbrauche in Zucker und im weiteren Verlaufe in Alkohol und Kohlensäure über.

Die neben der Alkoholgährung einhergehende Milchsäurebildung spielt inbezug auf die eigentliche Ernährung, die Zellenbildung, gar keine Rolle:

die Milchsäure im Organismus ist, ebenso wie die ausserhalb desselben entstehende, **stets ein Product des Zerfalls vorhandener Eiweisskörper**, d. h. organisirten Stickstoffes.

Während **Alkoholbildung und Hefewachsthum in Zuckerlösung verbunden mit rein mineralischen Substanzen** vor sich gehen kann[2]), findet **Milchsäurebildung nur dort statt, wo Proteïnkörper sich zersetzen**, resp. in Fäulniss übergehen.

Vorhandene Milchsäure deutet demnach nur den Zellenzerfall, vorhandene Kohlensäure dagegen nicht nur den Zerfall, sondern auch den Wiederaufbau der Zellen an.

Und mit der bei Entstehung der Kohlensäure, der „Gährung", vorhandenen Wärmebildung gelangen wir zu dem Gedanken, in welchem — worauf eben hingewiesen — Pflüger, mit Liebig übereinstimmend, diese durch Kohlensäurebildung

---

[1]) vgl. S. 40.
[2]) vgl. Pasteur, a. a. O. S. 372.

entstehende Wärme als „Quelle der Muskelkraft" oder als den „Lebensprozess" überhaupt bezeichnet. — Liebig führt aus: „Die organischen Verbindungen in der Pflanze sind alle aus Kohlensäure entstanden; sie sind mehr oder weniger veränderte Kohlensäureatome, und verwandeln sich im Thierkörper wieder rückwärts in solche, in das, was sie ursprünglich waren ... Bei ihrer Bildung unter dem Einfluss des Sonnenlichts wird Wärme (oder Sonnenkraft) gebunden, latent; bei ihrer Rückbildung wird die Wärme wieder frei."

Ferner: „Die Pflanze ist ein Magazin von Sonnenkraft, die sich in ihren Theilen während die Entwickelung gesammelt hat, ... und es sind die mannigfaltigen Wirkungen dieser Kraft, welche alle Erscheinungen des thierischen Lebens in sich einschliessen und bedingen."[1])

Während nun die Pflanze ihre Lebenskraft den direkt aus der „Sonnenkraft" stammenden „Kohlensäureatomen" verdankt (Ranke nennt die aus der Kohlensäure hervorgegangenen Kohlenstoffverbindungen: condensirte Sonnenstrahlen), ist für den thierischen Organismus der Zucker das, was dem pflanzlichen die Kohlensäure ist: die Kraft- und Wärmequelle.

Wie alle Umsetzungen in der Pflanze vorerst Kohlensäureumsetzungen, so sind auch alle Zersetzungen im thierischen Organismus vorerst Zuckerzersetzungen.

Die einfachste empirische Formel der Kohlensäure und des Zuckers ist, nach Liebig:

$$C\begin{smallmatrix}O\\O\end{smallmatrix} \qquad C\begin{smallmatrix}H\\O\end{smallmatrix};$$

„der Zucker ist Kohlensäure, in welcher ein Aequivalent Sauerstoff vertreten ist durch ein Aequivalent Wasserstoff. Die Kohlensäure ist bei der Bildung des Zuckers nicht zerlegt, sondern nur einer ihrer Bestandtheile ist ausgetauscht worden." —

---

[1]) Liebig, a. a. O., S. 169 ff. u. S. 213.

„Bei Uebergang des Zuckers in Kohlensäure wird nicht der Kohlenstoff des Zuckers, sondern der eingetretene Wasserstoff verbrannt.[1] Indem sich dieser Wasserstoff im Thierleibe mit Sauerstoff zu Wasser verbindet, tritt an seine Stelle der in der Pflanze ausgetretene und im Blute wieder zugeführte Sauerstoff wieder ein."

Aehnlich bemerkt Pflüger, dass die Zellen „Sauerstoffconsumenten und Kohlensäurebildner" seien; ferner, dass alle Zellen leuchten. „Alle Zellen stehen fortwährend im Brande, wenn wir auch das Licht nicht sehen" . . . „in sauerstoffhaltigen Räumen leuchten alle organischen Stoffe im Dunkeln, indem sie sich darin oxydiren."

Die Phosphorescenz, identisch mit Sauerstoffaufnahme und Kohlensäurebildung, zeigt, nach Pflüger, den Lebensprozess im eigentlichen Sinne an. Es bleibt dahingestellt, inwieweit an allen diesen Vorgängen die „Fermente" betheiligt sind.

Ein ganz besonderes Licht auf das hier Angeführte wirft die Beobachtung, dass der stark „phosphorescirende" Zucker (Rohrzucker) nicht nur im Dunkeln beim Zerbrechen Lichtfunken zeigt, sondern auch beim Zerbrechen ein Minimum von Traubenzucker bildet. „Bei jedem Zerbrechen, Zerschlagen, am meisten beim Pulverisiren des Rohrzuckers wird ein Theil desselben invertirt." Der Invertzucker ist minder süss als der Rohrzucker, und es ist eine, jeder Hausfrau wohlbekannte Thatsache, dass der „Kochzucker weniger süsst" als der Zucker in Stücken (Cl. Bernard[2]).

Diese durch mechanische Einwirkung erzeugte Umwandlung des Rohrzuckers in eine gährungsfähige Zuckerart ist ein organisch-chemischer Process, mithin ein „Lebensvorgang" im eigentlichen Sinne. Dass dieser Vorgang von

---

[1] Liebig, a. a. O. S. 169. vgl. auch Pflüger, a. a. O. S. 344: „Die Kohlensäurebildung erzeugt kleine Explosionen, deren Stösse das Molekül in starke Vibrationen versetzen . . ."

[2] Revue scient. 1872/73 S. 518: „Traubenzucker besitzt die Fähigkeit des Süssmachens in $2^{1}/_{2}$ Mal geringerem Grade als Rohrzucker."

einer sichtbaren Lichterscheinung begleitet ist, spricht für die Ansichten Pflüger's. Ausserdem muss hervorgehoben werden, dass die Invertirung des Rohrzuckers in anderen Fällen nur durch Fermente oder fermentähnlich wirkende Stoffe erfolgt — sollte in diesem Falle die scheinbar ohne jede besondere Einwirkung erfolgte Umwandlung des Zuckers nicht auch auf ein Ferment zurückzuführen sein? Und zwar auf ein im Zucker selbst enthaltenes Ferment? Die Thatsache, dass nach Analysen von Volhard[1]) der anscheinend reinste, wasserhelle Kandiszucker (und der gewöhnliche Zucker ist keineswegs besonders rein) „stets nahe an $1/2$ % Stickstoff enthält", verleiht der Annahme eines Fermentes eine starke Wahrscheinlichkeit. —

Liebig giebt an, dass bei „indirekter Verbrennung" des Zuckers — Ersatz seines Wasserstoffs durch Sauerstoff in niedrigen Wärmegraden — d. h. bei Ueberführung des Zuckers in Kohlensäure eine sehr grosse Verbrennungswärme sich entwickelt; erheblich mehr Wärme, als sich bei „direkter Verbrennung" desselben in Sauerstoff bei hoher Temperatur ergiebt. —

Nun ist die „indirekte Verbrennung" des Zuckers diejenige, die in allen Organismen bei ihren Lebensäusserungen vor sich geht (vergl. S. 1 ff.).

Bei erhöhter Muskelthätigkeit wird mehr Kohlensäure erzeugt und mehr Zucker verbraucht. Die Ansichten des einen Theils der Forscher, dass bei vermehrter Arbeitsleistung der Eiweisszerfall ein grösserer sei, und des anderen Theiles, dass bei erhöhter Thätigkeit die Kohlehydrate aufgebraucht werden, stimmt insofern vollständig überein, als alle Eiweisskörper, ebenso wie die Hefe, sich durch Zucker regeneriren.

Der überaus starke Eiweisszerfall ohne die Gegenwart von zuckerbildenden Stoffen wird am deutlichsten durch die sog. „Bantingkur" bewiesen; während die Eiweisserhaltung

---

[1]) vgl. Liebig, a. a. O. S. 39.

vermittelst Zucker und Fett durch die Verproviantirung der Tyroler Bergsteiger und der Schweizer Gemsjäger (s. S. 3) ebenfalls einen auf die Erfahrung gestützten Beweis erhält.

Es ist hier bereits wiederholt darauf hingewiesen worden, dass nach den zuerst von Cl. Bernard gemachten Angaben, welche auch von anderen Forschern bestätigt worden sind[1]), bei „erhöhter Lebensenergie" vermehrte Zuckerbildung im pflanzlichen und thierischen Organismus stattfindet. Oder, wie Cl. Bernard es nennt, alle in Pflanze und Thier vorhandenen Kohlehydrate müssen vor dem Verbrauche „die Zuckerstufe überschreiten", sich in Traubenzucker umsetzen.

So weit führt Cl. Bernard. Er giebt auch an, dass bei der Zerstörung oder Verbrennung des Glykogens und der Glykose starke Wärmeentwickelung stattfindet. Ueberdies gelangt er zu dem Schlusse, dass: **thatsächlich alles sich auf den Zucker (Traubenzucker) bezieht;** „denn nur er vermittelt die Ernährungsvorgänge aller lebenden Wesen." [2])

In welcher Weise jedoch der Zucker auf die Ernährung wirke und welches sein eigentlicher Nutzen sei — dies sind, nach Cl. Bernard, in tiefes Dunkel gehüllte Fragen. Er bemerkt über die Verbrennung des Glykogens, resp. des Zuckers, im Muskel nur: „ich glaube, dass alle Verbrennungserscheinungen (Vorgänge, die in allen lebenden Wesen, Thieren oder Pflanzen stattfinden) nichts anderes sind, als Fermentationsvorgänge. Die Fermente sind eben diejenigen chemischen Agentien, welche in den lebendigen Organismen am verbreitetsten sind." [3])

Er hat ferner, in Uebereinstimmung mit Ranke u. A., festgestellt, dass die Lymphe ausschliesslich Kohlensäure und keine andere Gasart enthalte; dasselbe sei bei dem Pflanzensaft zur Zeit der lebhaftesten Blüthe und Entwickelung der Fall. Daher könne man auch den Pflanzensaft nicht dem venösen Blute, welches nur vorherrschend,

---

[1]) Hoppe-Seyler, a. a. O. S. 708.
[2]) Rev. sc. 1872/73. S. 418.
[3]) ibid. S. 450.

nicht ausschliesslich, Kohlensäure enthält, vergleichen, sondern einzig und allein der Lymphe, welche die Ernährung der Gewebe besorgt. „Nun leben die organischen Elemente in Wirklichkeit in der Lymphe, und man kann sagen, dass eine mit Kohlensäure gesättigte Atmosphäre ihnen nothwendig ist, während eine mit Sauerstoff gesättigte ihnen schaden würde." [1])

Im Winter enthalten die Pflanzen nur wenig Kohlensäure; dagegen sind im Sommer von Gréhant in einer Mohnpflanze 40 % Kohlensäure gefunden worden:

Nicht nur der Muskel zur Zeit der Arbeit verbraucht Zucker und scheidet mehr Kohlensäure aus, sondern alle pflanzlichen Zellen zersetzen bei ihrem Wachsthum, ebenso wie die thierischen, den Zucker und liefern mehr Kohlensäure.

Wie haben wir uns nun diese Kohlensäurebildung zu denken? Ist die Art und Weise, in welcher der Zucker auf die Ernährung wirkt, thatsächlich in so „tiefes Dunkel" gehüllt, wie Cl. Bernard behauptet?

Schon wiederholt ist hier bemerkt worden, dass der Zucker derjenige Stoff sei, der sich am leichtesten von allen Nahrungsmitteln zersetze (oxydire), und zwar darum, weil alle Keime ohne Ausnahme, pflanzliche, wie thierische, zu ihrer Entwickelung Zucker verbrauchen.

Die Liebig-Pflüger'sche Hypothese liefert eine Aufklärung über diesen Verbrauch: Bei Muskelarbeit entsteht Wärme, ebenso wie beim Wachsthum der pflanzlichen und thierischen Zellen. Diese Wärme wird in letzter Instanz durch Verbrennung des Zuckers geliefert. Bei Uebergang des Zuckers in Kohlensäure wird, nach Liebig, der Wasserstoff des Zuckers verbrannt, und die grosse Summe der auf diese Weise entstandenen „Wärmeeinheiten" erklärt die beträchtliche Erhöhung der Temperatur. —

---

[1]) Cl. Bernard, a. a. O. 1872/73. S. 178.

Hierzu ist nur noch eine Ergänzung nothwendig. Der Zucker im Organismus geht niemals direkt **nur** in Kohlensäure, sondern, sobald er sich in Verbindung mit organischen Elementen befindet, stets entweder in Milchsäure oder in **Alkohol und Kohlensäure** über. Während aber bei der ersten Gährungsform aus der Milchsäure erst nach **mannigfachen, viel Zeit erfordernden Metamorphosen** schliesslich Kohlensäure und Wasser geliefert wird, ist bei der Alkoholgährung sofort Kohlensäure fertig vorhanden.

Ist, da die **Fähigkeit aller pflanzlichen und thierischen Zellen als Alkoholferment zu wirken** festgestellt ist[1]), noch ein Zweifel darüber möglich, welche der beiden Gährungsformen wir als eigentliche „Quelle der Muskelkraft und Ernährung" anzunehmen haben?

Nicht nur weist die bei Arbeitsleistung, Nahrungsaufnahme u. s. w., überhaupt bei allen „gesteigerten Lebensvorgängen" **sofort** vermehrt auftretende Kohlensäure auf eine **direkte Bildung derselben aus dem in solchen Zuständen mehr vorhandenen und mehr verbrauchten Zucker**, sondern: während die Kohlensäure den Organismus sofort in der Ausathmungsluft wieder verlässt und dadurch **die Aufnahme frischen Sauerstoffes bewirkt**, verbraucht, im Gegentheil, die Milchsäure zu ihren Weiterumsetzungen den vorhandenen Sauerstoff, ohne auf dessen Mehraufnahme wirken zu können.

Ueberhaupt zeigt, wie hier schon hervorgehoben (S. 44), auftretende Milchsäure nur den Zerfall, Kohlensäure dagegen nicht nur den Zerfall, sondern auch den Wiederaufbau der Zellen, also **Wachsthum und Leben** im eigentlichen Sinne an. Während Milchsäure auch **nach** dem Tode im Organismus auftritt, zuerst die Leichenstarre und dann die Fäulniss herbeiführt,[2]) hört die direkte Kohlensäurebildung

---

[1]) vgl. S. 8 und S. 11.
[2]) vgl. Ranke. Physiol. d. Menschen, S. 128.

mit dem Leben auf.¹) Demnach ist die **Milchsäure** auch eine **postmortale**, die **Kohlensäure** dagegen eine **ausschliesslich vitale** Erscheinung. —

Erhöhte Muskelthätigkeit mit Mehrverbrauch von Zucker, vermehrte Kohlensäurebildung und Temperaturerhöhung, alle diese Vorgänge sind, nach dem bisher Angeführten, unzertrennlich mit einander verbunden.

Ebenso wie die abnormen, **verlangsamten und mit Temperaturerniedrigung** verbundenen Vorgänge der gestörten Magenverdauung sich mit denen bei der Brot- und Bierbereitung vergleichen lassen²), ebenso auch die Vorgänge im Gesammtorganismus.

Ueberall, im Blut, wie im Muskel ist Beschleunigung der Vorgänge mit vermehrtem Auftreten und Ausscheiden von Kohlensäure identisch; überall im Organismus, nicht nur im Magen, sind die verlangsamten oder gänzlich unterbrochenen Lebenserscheinungen mit **Anhäufung von Milchsäure** verbunden.

Nur aus diesem Gesichtspunkte kann die theilweise — der Milchgerinnung ähnliche, oder auch gleiche — „Gerinnung" des Blutes in der Cholera und in anderen ansteckenden, blutvergiftenden Krankheiten erklärt werden, und damit auch der alsdann unterbrochene oder gänzlich stillstehende Stoffwechsel. Dagegen ist der erregende, die Blutcirkulation befördernde Einfluss der Kohlensäure bekannt, welche nur durch übermässige Bildung bei mangelnder Entfernung aus dem Organismus lähmend auf diesen wirkt. Ebenso bekannt ist es, dass venöses, kohlensäurereiches, Blut viel dünnflüssiger ist als arterielles; ferner, dass sowohl **Kohlensäure als Zucker die Gerinnung des Blutes verhindern**. Setzt man dies alles mit der Thatsache in Verbindung, dass in fieberhaften Krankheiten, bei denen sehr gesteigerte Blutcirkulation vorhanden ist, die Zucker- und

---

¹) Pflügers Archiv, S. 344.
²) s. S. 34.

Glykogenvorräthe des Organismus aufgebraucht werden, so ergiebt sich als einzig berechtigter und mit allen bisherigen Feststellungen in Uebereinstimmung sich befindender Schluss: die beschleunigten Vorgänge und die vermehrte Kohlensäureausscheidung in fieberhaften Krankheiten weisen darauf hin, dass im Fieber übermässige Alkoholgährung aus dem alsdann ebenfalls im Uebermass verbrauchten Zucker im Organismus stattfindet; während die fast gänzlich stillstehenden Lebensprozesse in blutvergiftenden Krankheiten — besonders in der Cholera — und die in solchen Krankheiten vorhandene theilweise Blutgerinnung, resp. Eiweisszersetzung, verbunden mit dem minimalen Zuckerverbrauche auf die alsdann stattfindende übermässige Milchsäuregährung[1]) hinweist.

Inwiefern die Therapie in diesen Krankheiten der eben angeführten wissenschaftlichen Erkenntniss schon längst „instinctiv" vorgegriffen hat, darauf wird hier noch näher eingegangen werden.

Der Liebig'sche Satz, dass die „Gährung" die Quelle der Muskelkraft und Ernährung sei, ist vor allem auf die primäre Gährung des Zuckers, auf die Alkohol- und Kohlensäurebildung desselben, zurückzuführen.

Wie im Bilde vorgeahnt, erscheint uns die Anschauung der Alten, welche den Alkohol als den „Lebensgeist", den „spiritus" bezeichneten — wenn wir diese Anschauung mit der hier vorgetragenen vergleichen. Nach allem bisher hier Angeführten ist nicht nur die gesteigerte Lebensenergie, sind nicht nur die beschleunigten Vorgänge, sondern ist jede Lebensäusserung überhaupt, schlechtweg das Leben selbst an die durch Zersetzung des Zuckers entstehende Alkohol- und Kohlensäurebildung geknüpft! —

---

[1]) vgl. S. 23; und S. 33.

Ebensowenig als irgendwie in Thier und Pflanze lebhafter pulsirendes Leben, ohne Mehrbildung und Mehrausscheidung von Kohlensäure denkbar ist, ebensowenig kann ein blosses Entstehen von Kohlensäure, ohne gleichzeitige Bildung von Alkohol angenommen werden. —

Es erscheint eine Aufgabe würdig künftiger Forschungen, dem Verbleib dieses Alkohols im Organismus nachzuspüren und seine Wirkungen und Weiterumsetzungen zu erweisen. Hier kam es darauf an, auf all das hinzudeuten, was auf die „Rolle des Zuckers im Organismus" einiges Licht verbreiten könnte; eine Rolle, die nach den Erfahrungen der beiden letzten Jahrzehnte doch wohl nicht mehr so ganz und gar „enveloppée d'une profonde obscurité" erscheint, als noch Cl. Bernard dies annehmen zu müssen glaubte.

VII.

Die Ernährung im Fieber und die frühere Behandlung der Cholera.

Es mag auf den ersten Blick hin widersinnig vorkommen, zwei ihrer Erscheinungsform nach so verschiedene Krankheiten, wie Fieber und Cholera, in irgend welchen Zusammenhang bringen zu wollen. Vorerst soll hier auch nur auf den Gegensatz hingewiesen werden, in welchem sich die **fieberhaften**, mit **Temperatur-Erhöhung** verbundenen Krankheiten zu den **blutvergiftenden, temperaturherabsetzenden** befinden. Dieser Gegensatz bezieht sich vor allem darauf, dass im Fieber nicht nur starker Eiweisszerfall stattfindet, sondern auch der Organismus an Zucker und Glykogen vollständig verarmt — beides eine Folge der übermässig beschleunigten Lebensvorgänge; während in blutvergiftenden Krankheiten, besonders in der Cholera, die Umsetzungen stillstehen und die Zucker- und Glykogenvorräthe keine Aenderung erleiden. —

Wie hier schon angegeben (S. 3), wird noch heute ebenso wie zu Hippokrates' Zeiten im Fieber eine **stärkemehl- und zuckerreiche Kost** verabfolgt. Nur der „Instinct" hatte zu dieser, als der allein zweckmässigen Nahrung geführt; bisher wurde keinerlei Erklärung ihrer durch die Erfahrung als günstig bestätigten Wirkungen versucht. Da im Fieber die

Verdauung darniederliegt, so glaubte man nur die leichtere Verdaulichkeit der Mehl- und Zuckernahrung gegenüber den schwerer verdaulichen Eiweissstoffen anführen zu können.

Als ob es nicht auch leicht verdauliches Eiweiss gäbe, zum mindesten ebenso leicht verdaulich, als es das Mehl ist! Kalbsbröschen, Milch, rohes Eiweiss — all dies wird trotz der anerkannten Leichtverdaulichkeit keinem Fieberkranken verabreicht, sondern eine „leichte zuckerreiche" Kost, und als kühlender Trank neben Limonaden u. s. w. „frisches Zuckerwasser". Inbezug auf letzteres meint Moleschott, „dass die beruhigende Wirkung, die ein Glas frisches Zuckerwasser ausübe, keineswegs nur dem kalten Wasser, sondern auch zum grossen Theile dem Zucker zugeschrieben werden müsse". Warum? sagt freilich Moleschott nicht. Ebensowenig wie alle anderen gelangt er zu der einfachsten, natürlichsten Erklärung, dass

> der Zucker seine Wirkung alsdann nur dadurch ausübt, dass er in einem bestimmten Prozentsatze nicht nur die Milchsäure-, sondern auch die Alkoholbildung unterdrückt.

Vergleicht man die Erfahrungen, die man in neuerer Zeit durch Verabreichung von Alkohol bei Fieber gemacht hat, mit der seit urältester Zeit bekannten Wirkung der zuckerreichen Kost und des Zuckerwassers im Fieber mit der Thatsache, dass sowohl der Alkohol als der Zucker als Gegenmittel gegen vorhandenen Alkoholrausch bekannt und bewährt sind[1]), so gewinnt meine Vermuthung

> der im Fieber stattfindenden übermässigen Alkoholbildung im Organismus, und der daraus folgenden Verarmung des Körpers an Zucker und Glykogen

immer mehr an innerer Wahrscheinlichkeit. Giebt man ja auch vom Chinin an, dass es nicht nur antifermentativ den vermutheten Fieberkeimen gegenüber wirke, sondern dass ein

---

[1]) Böcker, a. a. O. S. 290.

geringer Prozentsatz desselben „jede Gährung überhaupt" unterdrücke!¹)

Unter diesen Gesichtspunkten muss demnach die Wirkung des Zuckers im Fieber aufgefasst, und nicht etwa nur seine Leichtverdaulichkeit hervorgehoben werden. Denn er ist nicht nur leicht verdaulich, sondern er vermag auch den rauschartigen Zustand aufzuheben, und, vor allem, er ist das günstigste Mittel die verschwundenen Zuckervorräthe des Organismus wieder zu ersetzen!

Und wie verhält es sich mit der etwaigen Anwendung des Zuckers in der Cholera? In dieser Krankheit werden die Zuckervorräthe des Körpers nicht besonders angegriffen, der Organismus befindet sich in einem dem Rausche vollkommen entgegengesetzten Zustande. Und dennoch bemerkt Hoppe:

> „Schürmanns liess bei asiatischer Cholera kleine Stücke Zucker schlucken als bestes, ja einziges Mittel." ²)

Schmidt aus Dorpat giebt an, dass er vielfach Cholera-Kranke „durch Blutentziehung"³) geheilt habe.

Nun hat Cl. Bernard festgestellt, dass das Blut nach Blutverlusten u. s. w. zuckerreicher werde. Ebenso ist festgestellt, dass Zuckerzusatz die Gerinnung des Fibrins aufhebt.

Der Zusatz von Zucker übt auf das Blut und auf die Milch die gleiche Wirkung aus, wie der Zusatz von Kohlensäure. Wie kohlensäurereiches Blut wird auch das stark zuckerhaltige viel dünnflüssiger und kann der Gerinnung längere Zeit widerstehen; dasselbe gilt von der Milch.

Wenn, wie schon angeführt, der Zucker in geronnenen Eiweissstoffen überhaupt Alkohol- und Kohlensäuregährung

---

¹) Nothnagel-Rossbach, a. a. O. S. 568. — Und die Wirkung, Gährungen zu unterdrücken, kommt dem Alkohol, falls er in gewisser Menge vorhanden ist, ebenfalls zu.

²) Hoppe, Memorabilien. S. 249.

³) C. Schmidt, Characterist. der Cholera. 1850. S. 68.

hervorrufen und dadurch die weitere Zersetzung vorerst verhindern kann ¹), so ist die in Blut und Milch nach Zuckerbildung beobachtete Sistirung der Gerinnung — eine Wirkung, die auch der vermehrten Kohlensäure innewohnt — nur auf die **Alkohol- und Kohlensäurebildung des Zuckers** zurückzuführen.

Man kann durch Zucker ebensowohl die „übermässig beschleunigten" Vorgänge, wie sie im Rausch und im Fieber vorhanden sind, als auch die „übermässig verlangsamten", wie dies in der Cholera der Fall ist, aufheben. Nur dass, wie hier schon wiederholt bemerkt, man vor allem daran zu denken hat, dass „beschleunigte Vorgänge und Alkoholbildung" und „verlangsamte Vorgänge und Milchsäurebildung" **innerhalb wie ausserhalb des Organismus** mit einander verbunden sind. Ferner, dass es nur auf die Menge des vorhandenen Zuckers ankommt:

ist ein gewisses Mass desselben in der Mischung überstiegen, so findet **gar keine Gährung** statt; fehlt der Zucker in der Mischung, so tritt **Milchsäuregährung** und Fäulniss ein. ²)

Daher die beobachteten günstigen Wirkungen des Zuckers in Krankheiten, die einander so entgegengesetzt sind, als Fieber und Cholera. In beiden Fällen lässt sich die Wirkung des Zuckers aus seiner doppelten Eigenschaft erklären, dass er erstens jede Gährung überhaupt unterdrücken, und zweitens Milchsäuregährung in Alkoholgährung überführen kann. —

Dass die Aufnahmefähigkeit des Organismus für den Zucker derjenigen für alle anderen Nahrungsstoffe gerade entgegengesetzt ist, d. h. **dass der Organismus von dem Zucker in Lösungen um so mehr aufnimmt, je concentrirter diese Lösungen sind**, darüber verweise ich auf die Versuche v. Becker's. ³)

---

¹) vgl. Lüders, a. a. O. S. 336.
²) vgl. Lücke und Billroth a. a. O.; ferner: Schützenberger, Gährungserscheinungen. S. 141.
³) Zeitschrift für wissenschaftliche Zoologie. V. S. 149 ff.

Lehmann, der über diese von v. Becker erwiesene Thatsache sehr erstaunt war, gelangte zu dem Schlusse, dass „der Zucker, und die Kohlehydrate überhaupt, wohl noch einem ganz anderen Zwecke dienen müssen, als durch ihre Oxydation die Wärme des thierischen Körpers zu unterhalten". Ferner, dass „der Zucker wahrscheinlich eine hohe Bedeutung für den thierischen Stoffwechsel im allgemeinen habe".[1]

Er vermuthete diese Bedeutung des Zuckers als besonders darin bestehend, dass derselbe durch seine Säurebildung zur Lösung des Eiweisses beitrage. Auch wies Lehmann darauf hin, dass der Zucker kohlensauren und phosphorsauren Kalk zu lösen vermag, was schon Böcker in seinen „Beiträgen u. s. w." näher ausgeführt hatte. Mit letzterer Beobachtung stimmt überein, dass auch die heutige Medizin „bei harnsaurer Diathese und Neigung zur Arthritis eine mehl- und zuckerhaltige Nahrung erfahrungsgemäss mit Vortheil anwendet."

Doch suchte auch Lehmann die Erklärung der Wirkung des Zuckers nur in der Milchsäurebildung. —

Diese, mit den beobachteten Thatsachen so oft im Widerspruch stehende Annahme: dass der Zucker im Organismus und in Verbindung mit organischen Stoffen nur Milchsäure bilde, ist so verbreitet, dass man in jedem Lehrbuch der physiologischen Chemie folgendes ohne jeden Zusatz lesen kann:

„Kohlensäurereiches Blut gerinnt sehr langsam; kohlensaure Salze u. s. w. und Zucker können die Gerinnung des Fibrins aufhalten oder sogar ganz verhindern."

Ist daran zu zweifeln, dass die Wirkung des Zuckers in diesem Falle nur auf Rechnung der Alkohol- und Kohlensäurebildung zu setzen ist?

---

[1] Lehmann, Lehrbuch der phys. Chemie, 2. Aufl. III, S. 191.

Es hätte zu weit geführt, hier auch auf die Einwirkung des Zuckers, besonders in stark concentrirten Lösungen (s. v. Becker), inbezug auf die gereizte, katarrhalisch entzündete Schleimhaut näher einzugehen. Nur noch ganz kurz darauf hinweisen will ich, welch unschätzbarer Werth dem Zucker innewohnt: z. B. als Präservativ gegen Erkrankungen der Athmungswerkzeuge u. s. w., die in fast allen Fällen, auch in den schwersten, mit Entzündung der Schleimhäute beginnen. Um nur eines anzugeben: bei der Diphtherie ist man gegenwärtig von der Behandlung mit „gewaltsamen Mitteln" gänzlich wieder abgekommen.[1]) Man benutzt eine leichte Kochsalzlösung oder Kalkwasser, und nur bei schwereren Erkrankungen, bei der „septischen Form", wendet man $1/2$—1 procentige Carbolsäure an. Gegenüber der geringen antiseptischen Kraft solcher Lösungen würde der Versuch sofort lehren, dass auch auf die Keime der angeführten und ähnlicher Krankheiten der Zucker seine Wirkung als Antisepticum, ohne die üblen Nebenwirkungen andrer Mittel in starker Concentration, in glänzendster Weise entfaltet!

Es kann ferner nur durch die Praxis genügend erwiesen werden, wie sehr günstig die vorhin nur kurz angedeutete Eigenschaft des Zuckers, die sog. „Knochensalze" zu lösen, in den verschiedensten Krankheitszuständen einzuwirken vermag. Zucker löst ebensowohl phosphorsaures Eisenoxyd als kohlensauren und phosphorsauren Kalk, und geht unter anderem auch mit Kieselerde eine Verbindung ein.[2]) Ein „Fuhrwerk für Kalk und Eisen", also für die wichtigsten der knochen- und blutbildenden Salze, nennt Moleschott den Zucker um eben dieser Eigenschaften willen. Und gerade die Ausfuhr eines Theils dieser Salze ist in den katarrhalischen Absonderungen erheblich gesteigert, während die

---

[1]) Niemeyer-Seitz, Lehrbuch der speziell. Pathol. und Therapie, 1884/1885.
[2]) Barreswill, Comptes rendus. Bd. 32. S. 470; Gladstone, Journ. für prakt. Chemie. Bd. 64. S. 192.

Aufnahme desselben, wie in allen krankhaften Zuständen, mehr oder minder gestört ist. — Wie manche kostspielige Kur, welche durchaus keinen anderen Zweck, — aber nur selten auch den Erfolg hat, als dem Körper eben diese fehlenden Salze wieder zuzuführen, könnte durch entsprechend gesteigerten Zuckergenuss vermieden werden! Ausserdem ist die direkte — medikamentöse — Zufuhr z. B. von phosphorsaurem Eisenoxyd mit verschiedenen Nachtheilen verbunden; dagegen kann der Zucker durch seine Fähigkeit, einerseits die **Blutsalze im Körper zurückzuhalten**, und andererseits für die **Aufnahme derselben aus den gewöhnlichen Nahrungsmitteln**[1]) zu wirken, einen doppelt guten Erfolg herbeiführen. —

Im Volke ist die Verbindung, die der Zucker z. B. mit Kalkhydrat (gelöschtem Kalk) eingeht, wenn auch nicht theoretisch bekannt, so doch praktisch erprobt, und die Maurer wissen die bösen Folgen, welche der ins Auge gespritzte Kalk hervorruft, durch Anwendung von Zuckerwasser zu verhüten.

Beim Neubau des Berliner naturhistorischen Museums wurde zuckerhaltiger Mörtel verwendet, dessen Haltbarkeit sich vorzüglich bewährt und der fast die Festigkeit guten Cementes angenommen hat. Die Anwendung von Zuckermörtel ist auch in Indien längst bekannt. —

Aber nicht der Zucker an sich, sondern dessen **Kohlensäurebildung** ist die Ursache der fast unlöslichen Verbindung, in welche **Kalkhydrat** ebensowohl mit **Zucker**, als mit **Kohlensäure** eingeht.

---

[1]) vgl. die (S. 9 f.) angegebenen Heilungserfolge Böcker's.

Schlussbemerkung.

In den vorliegenden Ausführungen ist überall das Hauptgewicht auf die aus dem Zucker hervorgehende Alkohol- und Kohlensäurebildung gelegt worden. Thatsächlich ist dies auch der Angelpunkt der ganzen Frage: nach allgemeiner Anerkennung der hier entwickelten Anschauungen würde die ausgedehnteste Verwendung des Zuckers nur noch eine Frage der Zeit sein! —

Wenn ich nunmehr diese Blätter schliesse, so geschieht dies nicht etwa aus dem Grunde, dass der Gegenstand derselben hier erschöpft wurde. Es lag auch keineswegs in meiner Absicht, ein so unendliches Thema erschöpfend zu behandeln: dies könnte nur von einem Fachmann, und nur für Fachmänner geschehen! Mir, als einer Stimme aus dem Publicum, lag vor allem daran, auch das gebildete Publicum für den hier dargestellten Gegenstand zu interessiren. Ich versuchte darum auch nur, die mannigfache Wirksamkeit des Zuckers im Haushalte der belebten Natur in grossen Umrissen zu zeichnen. Ich versuchte zu zeigen, welch einen mächtigen Verkehrsstrom unter den organischen Stoffen der Zucker bildet; wie alle Kohlehydrate, diese „condensirten Sonnenstrahlen", in einem gewissen Stadium ihre Wirksamkeit mehr oder minder in Gestalt von Zucker entfalten: und wie der Zucker thatsächlich ein Naturheilmittel ist! Zu zeigen, wie die Kohlensäure, als Vorstufe und letzte Stufe des Zuckers, „vom Himmel kommend, zum Himmel steigend", zugleich als erste und letzte Stufe aller organischen Verbindungen überhaupt, eine bei weitem wichtigere Rolle in allen Lebensvorgängen spielt, als man ihr bisher zuerkannte — und wieviel tiefe Wahrheit der Ausspruch Claude Bernard's enthält: „Denn alles bezieht sich auf den Zucker!"

Verlag von Hermann Costenoble in Jena.

Die Alpen in Natur- und Lebensbildern.

Dargestellt von

H. A. Berlepsch.

Fünfte, sehr vermehrte und verbesserte Auflage.
Zweite wohlfeile Volksausgabe.
Umgearbeitet, vermehrt und ergänzt vom Sohne des Verfassers.
Mit 18 Illustrationen nach Originalzeichnungen von Emil Rittmeyer.
Lex.-8. 1 starker Bd. 37 Bog., eleg. broch. M. 6, hocheleg. geb. M. 7.50

Früher erschienen:

Pracht-Ausgabe. Mit 22 Illustrationen und einem Titelbilde. Lex.-8. 1 starker Band. Eleg. broch. 9 M., eleg. geb. 11 M. 25 Pf.

Taschenausgabe. Für den Reisegebrauch, mit 6 Illustrationen. 16. Eleg. geb. 3 Mk.

Dieses vorzüglich ausgestattete und allgemein als würdige Ergänzung von Tschudis Thierleben der Alpenwelt bezeichnete illustrirte Werk wurde in fast alle Sprachen der Civilisation, als in das Dänische, Englische, Französische, Holländische, Russische und Schwedische übersetzt. Lebendige und naturgetreue Schilderungen, gleich geeignet, den in die Alpen Reisenden auf die großartigen und eigenthümlichen Erscheinungen in denselben vorzubereiten, wie dem Rückkehrenden zur angenehmen Erinnerung an das Gesehene zu dienen.

Griechische Frühlingstage.

von Eduard Engel.

Ein Band. Groß 8. broch. 7 M., eleg. geb. 8 M. 50 Pf.

Das Werk ist keine Sammlung oberflächlicher Reisebriefe, sondern eine selbständige Darstellung von Land und Leuten des neuen Griechenland in fesselndster Form, oft mehr wie *eine spannende Erzählung*, dann wie eine Schilderung sich lesend.

Bei dem durch die letzten und die noch bevorstehenden Ereignisse auf der Balkan-Halbinsel neu erregten Interesse an **Griechenland**, wird dieses Werk über die **Kulturzustände** des immer noch recht unbekannten Landes in den weitesten Kreisen Aufsehen machen.

Kultur-Geschichte des Judenthums

von den ältesten Zeiten bis zur Gegenwart.

Von Otto Henne-Am-Rhyn.

gr. 8. broch. Preis 10 Mark.

Der berühmte Kulturhistoriker liefert mit diesem Buche die **erste** von einem **Nichtjuden** verfaßte bis auf die Gegenwart fortgeführte Kulturgeschichte. Das Buch zeichnet sich durch die **strengste Unparteilichkeit** aus und ist für **Gebildete aller Confessionen** von hohem Interesse.

Physiognomische Studien

von Sophus Schack,

Major und Historienmaler.

Aus dem Dänischen.

Mit 127 Holzschnitten. gr. 8. br. 7 M. 50 Pf.

In populärer Form werden in diesem für jeden Gebildeten bestimmten Buche die Resultate langjähriger Beobachtungen und Erfahrungen veröffentlicht, welche den Autor als praktischen **Physiognomiker** den bedeutendsten seiner Vorgänger würdig an die Seite stellen.

Verlag von Hermann Costenoble in Jena.

Lebensweisheit für die Jugend.
Von Paul Mantegazza,
Professor in Florenz und Senator des Königreiches
Einzig autorisirte Ausgabe.
Aus dem Italienischen von Dr. R. Teuscher.
Elegantestes Format 8°, geheftet 3 M., gebunden in Ganzleinen 4 M.

Säet Ideen, so werden Thaten entstehen, ist das von dem berühmten Autor dem Buche vorgestellte Motto und ist dasselbe bezeichnend für den Inhalt des Buches, das durch den bekannten vorzüglichen Bearbeiter dem Inhalte des Originals vollkommen ebenbürtig wird. Es ist ein reizendes Buch für Knaben.

Die Kunst glücklich zu sein.
Von Paul Mantegazza.
Aus dem Italienischen.
Einzig autorisirte deutsche Ausgabe.
Broschirt M. 2.—, elegant gebunden M. 3.20.

Indien.
Von Paul Mantegazza.
Autorisirte Ausgabe.
Aus dem Italienischen von H. Meister.
Ein starker Band gr. 8. In eleg. Ausstattung 8 Mk., eleg. geb. 10 Mk.

Der große italienische Gelehrte schildert uns Indien, auf das gerade jetzt Aller Blicke gerichtet sind. Ein hervorragender deutscher Lyriker sagt: „Dieses Buch über Indien ist ein Meisterwerk feiner Beobachtung und prächtiger Schilderung."

Das Kaiserreich Ostindien
und die angrenzenden Gebirgsländer.
Nach den Reisen der Brüder
Schlagintweit
und anderer neuerer Forscher dargestellt.
Von W. Werner.
Mit 12 Landschaften in Tondr. u. zahlr. in den Text gedr. Holzschn.
Ein starker Band von 40 Bogen gr. 8°. Preis 11 Mk., geb. 13 Mk.

In anregender, volksthümlicher Weise und von sachkundiger Hand geschrieben, soll dieses Werk, welches sich als billige Volksausgabe an alle Wissensdurstige wendet und dem als Grundlage das Hauptreisewerk der Brüder Schlagintweit und anderer neuerer Forscher diente, weitgehende Kenntnisse über das Zauberland verbreiten helfen. Es soll zugleich auch der Jugend einen reichen Schatz gediegener Lektüre liefern und ist bestimmt, in allen Volks- und Jugend-Bibliotheken Eingang zu finden.

Humoristische Reise durch Texas
von Galveston bis zum Rio Grande
von Alexander E. Sweet und J. Armoy Knox.
Deutsch von Dr. med. Reinhold Teuscher.
Mit 167 Illustrationen und 10 Holzschnitt-Tafeln.
Ein starker Band von 30 Bogen gr. 8. 10 M., eleg. geb. 12 M.

In ergötzlich humoristischer Form, gewürzt von zahllosen charakteristischen Anekdoten werden die Verhältnisse des Landes, seine Geschichte, seine Institutionen, seine Bewohner dem Leser derart vorgeführt, daß er bei höchst spannender, angenehmer Unterhaltung eine getreue Kenntniß von Texas erhält.